La compasión

en la vida cotidiana

Henri J. M. Nouwen
Donald P. McNeill
Douglas A. Morrison

Ilustraciones de Joel Filártiga

Editorial LUMEN
Viamonte 1674
1055 Buenos Aires
☎ 4373-1414 (líneas rotativas) Fax (54-11) 4375-0453
E-mail: magisterio@commet.com.ar
República Argentina

Colección **Destellos**

Título original:
Compassion. A Reflection on the Christian Life.
© 1982, Doubleday and Company, Nueva York, EE. UU.

Traducción: Equipo editorial.
Supervisión: Pable Valle

Con las debidas licencias.

ISBN 950-724-547-2

Yo les pido por el estímulo de vivir en Cristo, por el consuelo del amor, por la comunión en el Espíritu, por la entrañable compasión, que colmen mi alegría, siendo todos del mismo sentir, con un mismo amor, con un mismo espíritu, unos mismos sentimientos. Nada hagan por rivalidad, ni por vanagloria, sino con humildad, considerando cada cual a los demás como superiores a sí mismo, buscando cada cual no su propio interés sino el de los demás. Tengan entre ustedes los mismos sentimientos que tuvo Cristo:

El cual, siendo de condición divina,
no retuvo ávidamente
el ser igual a Dios.
Sino que se despojó de sí mismo
tomando condición de siervo,
haciéndose semejante a los hombres
y apareciendo en su porte como hombre;
y se humilló a sí mismo,
obedeciendo hasta la muerte
y muerte de cruz.
Por lo cual Dios lo exaltó
y le otorgó el Nombre,
que está sobre todo nombre.
Para que al nombre de Jesús
toda rodilla se doble
en los cielos, en la tierra y en los abismos,
y toda lengua confiese
que Cristo Jesús es Señor
para gloria de Dios Padre.

(Flp 2, 6-11)

Estas reflexiones están dedicadas a

JOEL FILÁRTIGA,
el compasivo médico-artista paraguayo
que realizó las ilustraciones para este texto;
a su valiente esposa
NIDIA;
y a la memoria de su hijo de diecisiete años
JOELITO,
torturado hasta morir en un destacamento policial
el 30 de marzo de 1976.

ÍNDICE

Prefacio

Este libro se inició en un pequeño restaurante de Washington. Mientras, sentados en el desierto comedor subterráneo, expresábamos nuestro desagrado por el individualismo y la aridez espiritual de nuestras vidas académicas en Notre Dame, Catholic University y Yale, los tres a un tiempo nos sorprendimos a nosotros mismos garabateando algunas notas sobre nuestras servilletas. Esta vez, a diferencia de otras muchas, nuestras quejas no nos llevaron a la ociosidad, sino a forjar un plan de nueve jueves en que nos reuniríamos en la capital para estudiar y orar juntos. Siendo profesores de teología pastoral y hallándonos en la ciudad en la que se busca, se consigue y se ejercita un gran poderío político, la cuestión de cómo vivir compasivamente en nuestro mundo se impuso como la más urgente para nuestras reuniones.

Estas reflexiones sobre la compasión han surgido de aquellas nueve reuniones de los jueves. Las primeras formulaciones de lo que la compasión puede significar en nuestra sociedad nacieron en diálogo con quienes fueron invitados ocasionalmente a unirse a nuestras discusiones: Walter Burkhardt, SJ, teólogo y miembro de la facultad de la Universidad católica; Parker Palmer, sociólogo de la religión y decano de estudios en la comunidad cuáquera, Pendle Hill; Mike Heissler, estudiante de medicina en la George Washington University; Patrick Leahy, senador de los EE. UU. procedente de Vermont, y su esposa, Marcelle; el finado Hubert Humphrey, senador de los EE. UU. procedente de Minnesota; Betty Carrol y Carol Coston, religiosas que trabajan con el Center of Concern y con Network; Jim Wallis y Wes Michaelson, editores de Sojourners; y las Hermanitas de Jesús, que viven, trabajan y oran como contemplativas en el corazón de Washington. Todos ellos nos brindaron un tiempo considerable y nos ofrecieron numerosas ideas, sugerencias y experiencias que han constituido la tierra fértil en que creció este libro.

Han pasado varios años desde que concluimos aquellas reuniones. Fueron años de tentativas, de reformulación y reevaluación de muchos de nuestros pensamientos iniciales. Ahora que nos sentimos lo suficientemente seguros como para publicar nuestras reflexiones, queremos expresar nuestro sincero agradecimiento a esos "pioneros del alba" sin los que este libro nunca hubiera podido ser escrito. Como los pioneros de este país tendrían dificultad en reconocer en la actualidad el país que ellos exploraron, así nuestros amigos tendrán dificultad en reconocer en estas páginas las intuiciones que nos brindaron. Pero aquellas intuiciones están aquí y constituyen la espina dorsal de este libro.

Queremos también expresar nuestra profunda gratitud al médico paraguayo Joel Filártiga. Sus potentes ilustraciones, nacidas de la tragedia en su propia vida, añaden a este libro una dimensión que supera tanto las experiencias como las palabras. La historia de Joel, que narramos en el epílogo, explica por qué sus ilustraciones han llegado a ser una parte integrante de este libro.

Agradecimientos

Aunque inicialmente planificamos este libro como trabajo de tres amigos, el texto final es resultado de sugerencias, comentarios, críticas y contribuciones de mucha gente que nos ha animado en nuestro trabajo en equipo.

Queremos dar las gracias a todos aquellos que nos han ayudado a mejorar los manuscritos con su lectura crítica o utilizándolos en su enseñanza. Son: Bob Antonelli, Judith Anne Beattie, Jane Bouvier, Steven Cribari, Agnes McNeill Donohue, James Duane, George Hunsinger, Ben Hunt, Ken y Penny Jameson, Mark Janus, Jay Kenney, Carol Knoll, Mary Meg MacCarthy, Kay y Don McNeill, Melanie Morrison, Claude Pomerleau, John Roark, Jim y Mary Ann Roemer, Louis ter Steeg, Naomi Burton Stone, Reg y Ralph Weissert, Vivian Whitehead, Colin Williams y Gregory Youngchild.

Queremos también expresar nuestra gratitud a Piet van Leeuwen y Mark Fedor por su ayuda como secretarios; y a Rober Moore, Joseph Núñez, Richard Schaper y Mich Zeman por su colaboración editorial durante las fases finales del libro.

A Robert Heller, de Doubleday, le agradecemos la paciencia que nos ha tenido y el ánimo que nos ha dado estos últimos cinco años.

Finalmente, unas palabras especiales de gratitud para John Mogabgab, quien no sólo ha coordinado mucho del trabajo de este libro, sino a quien también debe este libro una contribución esencial en cuanto a su contenido y a su forma.

Donald McNeil - Douglas Morrison - Henri Nouwen

Introducción

La palabra *compasión* evoca generalmente sentimientos positivos. Nos gusta pensarnos a nosotros mismos como personas en el fondo buenas, amables y comprensivas. Más o menos aceptamos que la compasión es una respuesta natural frente al sufrimiento humano. ¿Quién no siente compasión de un anciano pobre, de un niño hambriento, de un soldado paralítico, de una chica atemorizada? Parece casi imposible imaginar que la compasión no pertenezca a nuestras más evidentes cualidades. ¿No nos sentimos profundamente ofendidos cuando alguien nos acusa de falta de compasión? ¿No nos suena como si fuésemos acusados de falta de humanidad? Por supuesto, inmediatamente identificamos el ser compasivos con el ser humanos. Un humano falto de compasión parece tan inconcebible como un humano inhumano.

Pero, si ser humano y ser compasivo es lo mismo, ¿por qué, entonces, la humanidad está fracturada por conflictos, guerras, odios y opresiones? ¿Por qué, entonces, hay tanta gente en medio de nosotros que sufre de hambre, de frío y de falta de techo? ¿Por qué, entonces, las diferencias de raza, sexo o religión nos impiden acercarnos a los demás y formar comunidad? ¿Por qué, entonces, hay millones de seres humanos sufriendo alienación, separación o aislamiento? ¿Por qué, entonces, nos herimos, torturamos y matamos mutuamente? ¿Por qué, entonces, se halla nuestro mundo en semejante caos?

Preguntas como éstas nos convencieron de que debíamos revisar críticamente nuestra comprensión de la compasión. La palabra *compasión* deriva de las palabras latinas *pati* y *cum*, que juntas significan "sufrir con". La compasión nos incita a ir donde hay heridas, a entrar en lugares de dolor, a compartir la frustración, el miedo, la confusión y la angustia. La compasión nos desafía a que gritemos con los que sufren miseria, a que nos lamentemos con los que están aislados, a que lloremos con los que lloran. La compasión nos requiere para que seamos débiles con los débiles, vulnerables con los vulnerables e impotentes con los impotentes. La compasión significa una total inmersión en la condición humana. Cuando miramos la compasión así, entonces queda claro que ella implica algo más que una genérica amabilidad o ternura de corazón. No es raro que la compasión entendida como un sufrir-con, haga brotar en nosotros a menudo una profunda resistencia e incluso la protesta. Estamos inclinados a decir: "Eso es autoflagelación, es masoquismo, es un interés morboso por el dolor, es un deseo malsano." Es importante para nosotros conocer esta resistencia y reconocer que el sufrimiento no es algo que deseamos o que nos atraiga. Por el contrario, se trata de algo que queremos evitar a toda costa. En consecuencia, la compasión no se halla entre nuestras respuestas más naturales. Todos somos evitadores del dolor y consideramos anormal, o por lo menos muy fuera de lo usual, a quien siente atracción por el sufrimiento.

De este modo, la compasión no es un fenómeno tan natural como pudo parecer en un primer momento. Por eso no debemos extrañarnos de encontrar personas que afirman sin ninguna vacilación que una sociedad compasiva es una sociedad enferma. Peregrine Worsthorne expresa este "incompasivo" punto de vista cuando escribe:

"Una genuina sociedad compasiva, la que haya triunfado alcanzando su ideal de meterse de hecho en los zapatos del desafortunado, se encontrará de pronto marchando hacia soluciones colectivas enemigas de la libertad individual... Hay un peligro real y tremendo de parte de la gente que comienza a identificarse con el mundo del sufrimiento... Ninguna sociedad sana debe permitirse mirar el mundo a través de los ojos del desafortunado, pues el desafortunado no tiene gran interés en captar, y mucho menos en explotar, el más alto valor de la civilización: la libertad individual. Por supuesto, habiendo fracasado la mayoría en el uso de la libertad, por fatalidad o por circunstancias, es probable que pasen a engrosar la parte de la sociedad menos enamorada de aquel desafiante ideal por excelencia y más susceptible a todas las tentaciones tendientes a socavarlo."[1]

Probablemente estas palabras parezcan muy duras, pero pueden resultar más representativas de nuestro estilo de vida y de actuación de lo que estaríamos dispuestos a admitir. Quizás no estemos tan dispuestos como Peregrine Worsthorne a rechazar la compasión en nombre de la libertad individual, pero no sería improbable que en la práctica estemos incluidos en la misma convicción básica de la que la compasión no debería constituir el núcleo de la motivación humana. Si damos a la compasión un lugar en nuestros asuntos diarios, consideramos ese lugar a lo sumo como periférico a nuestros pensamientos y acciones. Como Peregrine Worsthorne, también nosotros somos escépticos respecto de un mundo gobernado por la compasión. La idea de semejante mundo nos choca como ingenua, romántica o, por lo menos, nada realista. "Sabemos" demasiado bien que nuestra civilización no sobrevivirá si las decisiones cruciales quedan en manos de personas verdaderamente compasivas. Para quienes no viven en un mundo de ensueño y tienen los ojos abiertos sobre los acontecimientos de la vida, la compasión no puede pasar de ser una parte subsidiaria de nuestra existencia competitiva.

Esta idea tan descarnada nos impactó fuertemente durante los primeros pasos de este libro. Un día, los tres visitamos al ya fallecido senador Hubert Humphrey para preguntarle sobre la compasión en la política. Fuimos porque sentíamos que él era uno de los más delicados seres humanos en el terreno de lo político. El senador, que justamente acababa de hablar con el embajador de Bangladesh y que obviamente esperaba una queja, una petición o un saludo protocolar, quedó visiblemente sorprendido cuando le preguntamos qué sentía él sobre la compasión en la política. Instintivamente, dejó su gran escritorio de caoba sobre el que pendía el emblema que recordaba a las visitas que estaban hablando con el anterior vicepresidente de los Estados Unidos, y se reunió con nosotros alrededor de una mesita de café. Pero entonces, tras haberse adaptado a aquella tan poco habitual situación, el senador Humphrey retrocedió hacia su escritorio, tomó un largo lápiz con una pequeña goma en su parte trasera y declaró con su famosa voz de tono alto: "Señores, miren este lápiz. Del mismo modo que esta goma constituye tan sólo una pequeña parte del lápiz y es usada tan sólo cuando nos equivocamos, así también la compasión es invocada tan sólo cuando las cosas se nos van de las manos. La parte más importante de la vida es competencia; sólo el borrador es compasión. Es triste decirlo, señores, pero en la política la compasión no es sino parte de la competencia."

La compasión borra los errores de la vida, del mismo modo que la goma saca las manchas del papel. Quizá es así como sentimos y pensamos en realidad la mayor parte, de nosotros cuando somos honestos con nosotros mismos. La compasión no es ni nuestro interés central ni nuestra primera instancia en la vida. Lo que realmente deseamos es tener éxito en la vida, progresar, ser los primeros, ser diferentes. Queremos forjar nuestras identidades erigiendo para nosotros mismos, en la vida, unos nichos que nos permitan mantener una segura distancia con respecto a los demás. No aspiramos a sufrir con los demás. Muy al contrario, desarrollamos métodos y técnicas que nos permitan mantenernos alejados del dolor.

Los hospitales y funerarias se convierten a menudo en lugares que esconden la enfermedad y la muerte. El sufrimiento es poco atrayente, por no decir repelente y motivo de disgusto. Cuando menos nos topemos con él, mejor. Ésta es nuestra actitud principal, y en este contexto la compasión no significa mucho más que la pequeña goma de borrar con su suavidad al final del largo lápiz con su dureza. Ser compasivo significa entonces ser bondadoso y amable con quienes quedan lastimados por la competencia. Un minero que queda atrapado bajo tierra inspira compasión; un estudiante abatido por el peso de los exámenes inspira compasión; una madre dependiente de la beneficencia pública, que no tiene suficientes alimentos ni vestidos para sus niños, inspira compasión; una mujer de edad que agoniza solitaria en el anonimato de una gran ciudad inspira compasión. Pero nuestro marco primario de referencia sigue siendo la competencia. ¡A fin de cuentas, necesitamos carbón e intelectuales, y todos los sistemas tienen deficiencias!

De este modo, lo que en un principio aparecía como una virtud connatural al ser humano, prueba serlo mucho menos de lo que pensábamos. ¿Dónde nos lleva esto? Bueno, es precisamente este lugar ambiguo que la compasión ocupa en nuestras vidas el que justifica este libro y constituye su punto de arranque. ¿Tenemos simplemente que reconocer que somos más competitivos que compasivos e intentar sacarle el mejor partido a esta situación, con una "saludable dosis de escepticismo?" ¿El mejor consejo que nos podemos dar mutuamente es el de intentar vivir de tal forma que nos ofendamos lo menos posible unos a otros? ¿Nuestro máximo ideal consiste en la mayor gratificación con el mínimo de dolor?

Este libro dice no a estos interrogantes y propone que para comprender el lugar de la compasión en nuestras vidas hemos de mirar en otra dirección, radicalmente distinta. La perspectiva aquí presentada se basa en las palabras de Jesús "Sean compasivos como su Padre es compasivo" (Lc 6, 36), y es ofrecida en la profunda convicción de que por medio de la compasión nuestra humanidad crece hasta su plenitud. No lo decimos a la ligera. Lo decimos tras años de discusión, lectura, redacción y muchas experiencias, a menudo dolorosas. Hubo momentos en los que estuvimos tentados de abandonar este proyecto y dirigirnos hacia temas más fáciles. Pero cada vez que mirábamos de frente esa tentación caíamos en la cuenta de que estábamos poniendo en duda la validez de un compromiso con Cristo. Así como el llamado a la compasión se fue revelando a nosotros poco a poco como el centro de la vida cristiana, así el pensamiento de ignorar esta llamada —aunque fuese por escrito— fue apareciendo de modo creciente como una negativa a mirar de frente el desafío radical de nuestra fe.

En la primera fase de nuestro trabajo conjunto discutimos la vida, trabajo, y realizaciones de Jesucristo, con el presupuesto de que todo el mundo tiene un deseo natural de ser compasivo. Desde ese entonces, sin embargo, nos hemos vuelto menos optimistas y, esperamos, más realistas. Los acontecimientos nacionales e internacionales, el estudio más profundo de las Escrituras y numerosas respuestas críticas de amigos nos han vuelto menos confiados en nuestras "tendencias compasivas" y más conscientes de la novedad radical del mandato de Jesús: "Sean compasivos como su Padre es compasivo." Este mandato no vuelve a formular lo obvio, algo ya deseado pero que habíamos olvidado, una idea en la línea de nuestras aspiraciones naturales. Por el contrario, se trata de un llamado a contrapelo, nos hace girar por completo y quiere una total conversión de corazón y de mente. Se trata, por supuesto, de un llamado radical, de un llamado que va a las raíces de nuestras vidas.

Esta creciente toma de conciencia de la naturaleza radical del llamado de Cristo a la compasión ha determinado la organización de este libro. Queremos hablar, antes que nada, sobre el Dios compasivo que se nos ha revelado en Jesucristo, porque la propia compasión de Dios constituye la base y el manantial de nuestra compasión. En segundo lugar, queremos descubrir qué significa vivir una vida compasiva como seguidores de Cristo, pues solamente en discipulado podemos llegar a comprender el llamado a ser compasivos como el Padre es compasivo. Finalmente, queremos discutir el estilo compasivo de la oración y la acción, porque a través de estas disciplinas, que guían nuestras relaciones con Dios y con nuestros semejantes, puede manifestarse a sí misma la compasión con Dios. Si quienes leen este libro —sea cual fuera su vocación en la vida— sienten profundizada en su conciencia la presencia de un Dios compasivo en medio de un mundo inmisericorde, tendremos suficientes motivos de gratitud.

PRIMERA PARTE

El Dios Compasivo

Filórtiga 78

I
Dios-con-nosotros

EN SOLIDARIDAD

Dios es un Dios compasivo. Esto significa, ante todo, que es un Dios que ha elegido ser Dios-con-nosotros. Para poder comprender y sentir mejor esta solidaridad divina, internémonos en la experiencia de alguien que está de veras con nosotros.

¿Cuándo recibimos verdadero alivio y consuelo? ¿Cuando alguien nos enseña cómo hemos de pensar o actuar? ¿Cuando nos aconsejan donde ir o qué hacer? ¿Cuando escuchamos palabras de apoyo y esperanza? A veces, puede ser. Pero lo que realmente cuenta es que en momentos de dolor y sufrimiento alguien permanezca con nosotros. Más importante que cualquier acción concreta o que cualquier palabra indicativa, es la simple presencia de alguien que se interesa. Cuando alguien nos dice en medio de una crisis: "No sé qué decirte o qué hacer, pero quiero que sepas que estoy contigo, que no te abandonaré", contamos con un amigo a través del cual podemos encontrar consuelo y alivio. En una época tan saturada de métodos y técnicas ideadas para cambiar a la gente, para influir en su conducta, para hacerla realizar nuevas cosas y pensar nuevas ideas, hemos olvidado el simple pero difícil don de estar mutuamente presentes. Hemos perdido este don porque se nos ha hecho creer que la presencia tiene que ser útil. Decimos: "¿Por qué he de visitar a esa persona? No puedo hacer nada en absoluto. No tengo nada que decirle. ¿En qué puedo serle útil?" Y de este modo hemos olvidado que con frecuencia en la mutua presencia "inútil", sin pretensiones, humilde, sentimos consuelo y alivio. El simple estar con otro es difícil porque requiere de nosotros que compartamos su vulnerabilidad, que entremos con él o ella en la experiencia de debilidad e impotencia, que compartamos la incertidumbre y renunciemos a controlar y a autodeterminarnos. Y no obstante, cada vez que esto ocurre sobrevienen una nueva fortaleza y una nueva esperanza. Quienes nos ofrecen alivio y consuelo estando y permaneciendo con nosotros en momentos de enfermedad, angustia psicológica u oscuridad espiritual llegan a menudo a sernos tan próximos como aquellos que están unidos a nosotros por vínculos biológicos. Muestran su solidaridad con nosotros al querer penetrar en las regiones oscuras e inexploradas de nuestras vidas. Por eso son esas personas las que nos aportan nueva esperanza y nos ayudan a descubrir nuevas direcciones.

Estas reflexiones nos ofrecen apenas un vistazo de lo que queremos decir cuando afirmamos que Dios es un Dios-con-nosotros, un Dios que vino a compartir nuestras vidas en solidaridad. No quiere decir que Dios solucione nuestros problemas, nos muestre la salida para nuestra confusión u ofrezca respuestas para nuestros muchos interrogantes. Él puede hacer cualquiera de estas cosas, pero su solidaridad reside en el hecho de que está dispuesto a entrar con nosotros en nuestros problemas, confusiones e interrogantes.

Ésta es la buena nueva del Dios que asume la carne humana. El evangelista Mateo, después de describir el nacimiento de Jesús, escribe: "Todo esto sucedió para que se cumpliese el oráculo del Señor por medio del profeta: Vean que la virgen concebirá y dará a luz un hijo, a quien pondrán por nombre Emmanuel, que traducido significa: 'Dios con nosotros' " (Mt 1, 22-23).

Tan pronto como llamamos a Dios "Dios-con-nosotros", entramos en una nueva relación de intimidad con Él. Al llamarlo Emmanuel, reconocemos que Él se ha comprometido a vivir en solidaridad con nosotros, a compartir nuestros gozos y dolores, a defendernos y protegernos y a sufrir toda la vida con nosotros. El Dios-con-nosotros es un Dios cercano, un Dios al que llamamos nuestro refugio, nuestro bastión, nuestra sabiduría, e incluso con mayor intimidad, nuestro salvador, nuestro pastor, nuestro amor. Nunca conoceremos realmente a Dios como compasivo si no comprendemos con nuestro corazón y nuestra mente que "puso su Morada entre nosotros" (Jn 1,14).

Muchas veces decimos a otros con tono agrio: "No sabes de qué estás hablando porque tú no has participado en la manifestación de protesta, no has participado en la huelga o experimentado el odio de los espectadores, porque nunca has pasado hambre, nunca has conocido el frío o nunca sentiste auténtico aislamiento." Cuando decimos todo esto, estamos expresando la profunda convicción de que escucharíamos con gusto palabras de consuelo con la condición de que ellas brotaran de la solidaridad con la experiencia de vida que nosotros hemos tenido o tenemos. Dios quiere conocer del todo nuestra condición y no quiere sacar ningún dolor que Él no haya gustado plenamente por sí mismo. Su compasión está anclada en la más íntima solidaridad, una solidaridad que nos permite decir con el salmista: "Éste es nuestro Dios, y nosotros somos el pueblo que él apacienta, el rebaño que él guía" (Sal 95, 7).

CON BUENOS SENTIMIENTOS

¿Cómo sabemos que todo esto no es otra cosa sino una bella idea? ¿Cómo sabemos que Dios es nuestro Dios y no un extraño, un forastero, un transeúnte?

Sabemos todo esto porque en Jesús la compasión de Dios se nos ha mostrado visiblemente. Jesús no sólo dijo "Sean compasivos como su Padre es compasivo", sino que además fue la encarnación concreta de esa compasión divina en nuestro mundo. La respuesta de Jesús al ignorante, al hambriento, al ciego, al leproso, a la viuda y a cuantos se acercaron a Él con su sufrimiento, fluía de la compasión divina que llevó a Dios a hacerse uno de nosotros. Hemos de prestar gran atención a las palabras y acciones de Jesús si queremos lograr la intuición del misterio de esta compasión divina. Entenderíamos muy pobremente los muchos relatos de milagros contenidos en los Evangelios si quedásemos simplemente impresionados por el hecho de que personas enfermas y atormentadas quedaban de repente liberadas de sus dolores. Si verdaderamente fuera éste el acontecimiento central de estos relatos, un cínico podría remarcar con todo derecho que la mayoría de la gente del tiempo de Jesús no fue curada y que el hecho de haber curado a unos empeoró la condición de los no curados. Lo importante aquí no es la curación de la enfermedad sino la profunda compasión que movía a Jesús a esas curaciones.

Hay una hermosa expresión en los Evangelios que aparece tan sólo doce veces y que se usa exclusivamente en referencia a Jesús o a su Padre. Esta expresión es "movido de compasión". El verbo griego *splangchnizomai* nos revela el profundo y potente significado de esta expresión. *Splangchna* son las entrañas del cuerpo. Ellas son el lugar en que se localizan nuestras emociones más íntimas e intensas. Son el centro desde el que crecen tanto nuestro amor apasionado como nuestro odio apasionado. Cuando los Evangelios hablan sobre la compasión de Jesús como de un movimiento a nivel de entrañas, están expresando algo verdaderamente profundo y misterioso. La compasión que Jesús sentía era evidentemente muy distinta de los superficiales y pasajeros sentimientos de desagrado o simpatía. Al contrario, llegaba hasta la parte más vulnerable de su ser. Esto tiene que ver con la palabra hebrea que significa compasión, *rachamim*, que remite al seno de Yahveh. Desde luego que la compasión es una emoción tan profunda, central y potente en Jesús, que sólo puede ser descrita como un movimiento del seno de Dios. Allí queda escondida toda la ternura y amabilidad de Dios. Allí Dios es padre y madre, hermano y hermana, hijo e hija. Allí, todos los sentimientos, emociones y pasiones se identifican en amor divino. Cuando Jesús era movido a compasión, el manantial de toda vida tembló, la tierra de todo amor reventó y el abismo de la inmensa, inagotable e insondable ternura de Dios se reveló a sí misma.

Éste es el misterio de la compasión de Dios tal como se nos hace visible en los relatos de curaciones del Nuevo Testamento. Cuando Jesús vio a la multitud vejada y abatida como ovejas sin pastor, sintió con ella en el centro de su ser (cf. Mt 9, 36). Cuando vio al ciego, al sordo y al paralítico que le eran traídos de todas partes, tembló desde dentro y experimentó sus dolores en su propio corazón (cf. Mt 14, 14). Cuando percibió que los miles de personas que lo habían seguido durante días se encontraban cansados y hambrientos, dijo: "Siento compasión" (Mc 8, 2). Y así ocurrió con los dos ciegos que gritaban tras Él (cf. Mt 9, 27), con el leproso que se le puso de rodillas (cf. Mc 1, 41) y con la viuda de Naím que estaba enterrando a su único hijo (cf. Lc 7, 13). Todos ellos lo conmovieron, le hicieron sentir con todas sus sensibilidades íntimas lo profundo de su pena. Se hizo perdido con el perdido, hambriento con el hambriento y enfermo con el enfermo. En Él, todo sufrimiento fue sentido con una sensibilidad perfecta. El gran misterio que se nos revela en esto consiste en que Jesús, el Hijo de Dios sin pecado, optó con total libertad por sufrir a fondo nuestros dolores para hacernos descubrir de este modo la verdadera naturaleza de nuestras pasiones. En Él vemos y experimentamos las personas que realmente somos. Él, que es divino, vive nuestra quebrantada humanidad no como una maldición (cf. Gn 3, 14-19) sino como una bendición. Su divina compasión hace posible para nosotros que enfrentemos nuestra propia condición de pecadores, al haber transformado nuestra quebrantada condición humana haciendo de ella no ya causa de desesperación, sino fuente de esperanza.

Esto es lo que queremos decir cuando afirmamos que Jesucristo revela la solidaridad de Dios con nosotros. En y a través de Jesucristo nos enteramos de que Dios es nuestro Dios, un Dios que ha experimentado nuestro quebrantamiento, que se ha hecho pecado por nosotros (cf. 2 Co 5, 21). Él ha abrazado todo lo humano con la infinita ternura de su compasión.

HACIA NUEVA VIDA

Pero ¿qué hay de las curaciones? ¿No vieron los ciegos, no quedaron limpios los leprosos, no caminaron los paralíticos de nuevo y la viuda no vio a su hijo volver a la vida? ¿No es esto lo que cuenta? ¿No es esto lo que prueba que Dios es Dios y que de verdad nos ama? Vayamos con cuidado con nuestro pragmatismo. Las curaciones de Jesús brotaban de su compasión. Él no curaba para probar algo, para impresionar o para convencer. Curaba como expresión natural de su condición de Dios nuestro. El misterio del amor de Dios no consiste en que Él quita nuestros dolores sino ante todo en que ha querido compartirlos con nosotros. De esta solidaridad divina proviene nueva vida. El ser de Jesús, movido en su propio centro por el dolor humano, es realmente un movimiento hacia nueva vida. Dios es nuestro Dios, el Dios de los vivos. En su seno divino la vida nace siempre de nuevo. El gran misterio no son las curaciones, sino la infinita compasión de la que brotan.

Sabemos demasiado bien lo que significa realizar curaciones sin compasión. Hemos visto a hombres y mujeres que han podido caminar de nuevo, ver de nuevo, hablar de nuevo, pero cuyos corazones han permanecido en la oscuridad y en la amargura. Sabemos demasiado bien que las curaciones que no proceden del cuidado solícito son curaciones falsas que, en vez de conducir a la luz, conducen a la oscuridad. No nos dejemos engañar con la expectativa de un atajo hacia la nueva vida. Las numerosas curaciones de Jesús registradas en los Evangelios nunca pueden ser separadas de su estar con nosotros. Testimonian la infinita fecundidad de su compasión divina y nos muestran los frutos hermosos de su solidaridad con nuestra condición. La verdadera buena nueva consiste en que Dios no es un Dios distante, un Dios para ser temido o evitado, un Dios vengativo, sino un Dios que se conmueve ante nuestros dolores y participa de lleno en la lucha humana. Las curaciones milagrosas de los Evangelios son recuerdos pletóricos de esperanzas y alegría de esta buena nueva, la cual constituye nuestro verdadero consuelo y alivio.

NUESTRA CONDICIÓN COMPETITIVA

Cuando nos miramos a nosotros mismos con ojos críticos, nos vemos obligados a reconocer que es la competencia y no la compasión nuestra principal motivación en la vida. Nos hallamos inmersos en todo tipo de competencias. Nuestro sentido de identidad personal depende por entero del modo como nos comparamos con los demás y de las diferencias que logramos establecer. Cuando la pregunta "¿Quién soy yo?" es planteada a los pobres de este mundo —funcionarios de la enseñanza, representantes de una Iglesia, agentes de colocación, directores deportivos, gerentes de fábricas, locutores de televisión y de radio—, la respuesta es simplemente: "Eres la diferencia que haces." Somos reconocidos, honrados, rechazados o despreciados por nuestras diferencias y distinciones. Que seamos más o menos inteligentes, prácticos, fuertes, ágiles, útiles o elegantes depende de aquellos con quienes somos comparados o con quienes competimos. Mucha de nuestra propia estima depende de estas distinciones negativas o positivas. No hace falta pensar demasiado para caer en la cuenta de que estas distinciones reales o imaginarias juegan un papel central en los problemas familiares, en los conflictos raciales, en las luchas de clase y en las disputas nacionales e internacionales. La verdad es que gastamos mucha de nuestra energía defendiendo las diferencias entre las personas y los grupos. Así, nos definimos a nosotros mismos de modo que mantenga una distancia entre unos y otros. Verdaderamente somos muy celosos de nuestros "trofeos". Después de todo, ¿quiénes somos si no podemos señalar con orgullo algo especial que nos coloque aparte de los demás?

Esta competencia omnipresente, que alcanza hasta los rincones más recónditos de nuestras relaciones, impide que nos comprometamos a fondo en la solidaridad mutua y bloquea el camino hacia nuestro ser compasivo. Preferimos dejar la compasión en la periferia de nuestras vidas competitivas. Ser compasivo exigiría anular las líneas divisorias y dejar de lado las diferencias y distinciones. ¡Y esto implicaría abandonar nuestras identidades! Esto aclara por qué el llamado a ser compasivo resulta tan aterrador y suscita una resistencia tan profunda.

Este miedo, que es muy real e influencia gran parte de nuestro comportamiento, traiciona nuestras más profundas ilusiones: que nosotros podemos forjar nuestras propias identidades, que somos el resultado del influjo del medio ambiente colectivo, que somos los trofeos y distinciones que hemos ganado. Ésta es, en verdad, nuestra mayor ilusión. Nos convierte en personas competitivas que luchan compulsivamente por diferenciarse a toda costa, incluso hasta llegar a la violencia.

UN NUEVO YO

La compasión que Jesús ofrece nos incita a abandonar nuestro apego temeroso y a entrar con él en la vida no temerosa de Dios mismo. Al decir: "Sean compasivos como su Padre es compasivo", Jesús nos invita a estar tan cerca de los demás como Dios lo está de nosotros mismos. Nos pide incluso que nos amemos unos a otros con la compasión misma de Dios. Una compasión divina es una compasión sin el menor vestigio de competencia. Por eso, precisamente, sólo Dios puede ser completamente compasivo, porque solamente Él está al margen de toda competencia con nosotros. La paradoja de la compasión de Dios reside en que Dios puede ser compasivo porque es Dios; es decir, completamente distinto de nosotros. Precisamente por ser completamente distinto puede llegar a ser por completo lo que nosotros somos. Puede llegar a ser tan profundamente humano porque es completamente divino. En pocas palabras: Dios puede ser plenamente compasivo porque no se compara con nosotros y, en consecuencia, no compite con nosotros de ninguna manera.

El mandato de Jesús, "Sean compasivos como su Padre es compasivo", es un mandato de participar en la compasión de Dios mismo. Exige de nosotros desenmascarar la ilusión de nuestra identidad personal competitiva, eliminar el apego a nuestras distinciones imaginarias como fuentes de identidad y ser asumidos, en la misma intimidad con Dios en que Él vive. Éste es el misterio de la vida cristiana: recibir un nuevo yo, una nueva identidad, la cual depende no de lo que hayamos sido capaces de conseguir, sino de lo que hayamos querido recibir. Este nuevo yo es nuestra participación en la vida divina en y a través de Cristo. Jesús quiere que pertenezcamos a Dios como Él pertenece; quiere que seamos hijos de Dios como Él lo es; quiere que abandonemos la vida vieja, tan llena de miedos y dudas, y recibamos la vida nueva, la vida de Dios mismo. En y a través de Cristo recibimos una nueva identidad que nos capacita para declarar: "Yo soy no la estima que puedo recoger por medio de la competencia, sino el amor que he recibido libremente de Dios." Nos permite decir con San Pablo: "Vivo, pero no yo, sino que es Cristo quien vive en mí" (Ga 2, 20).

Este nuevo yo, el yo de Jesucristo, hace posible para nosotros ser compasivos como nuestro Padre es compasivo. Por la unión con Él somos sacados de nuestra competitividad mutua e introducidos en la plenitud de Dios. Al compartir la plenitud de alguien en quien no existe competencia, podemos entrar en una relación nueva, compasiva, con los demás. Al aceptar nuestras identidades de quien es el dador de toda vida, nos capacitamos para estar con los demás sin distanciamientos ni temor. Esta nueva identidad libre de avaricia y de afán de poder, nos permite entrar tan plena e incondicionalmente en los sufrimientos de los demás que nos hace capaces de sanar al enfermo y de llamar al muerto a la vida. Cuando entramos en la compasión misma de Dios, se abre para nosotros un modo de vida completamente nuevo, un modo de vida que vislumbramos en las vidas de los Apóstoles y de aquellos grandes cristianos que han dado testimonio de Cristo a través de los siglos. Esta compasión divina no es, al contrario de la compasión que nos fabricamos nosotros, parte de la competencia. Por el contrario, es la expresión de un nuevo estilo de vida en que gradualmente se van dejando de lado las comparaciones, las rivalidades y las competencias.

Pablo nos brinda un hermoso ejemplo de esta compasión reencontrada en su carta a los filipenses. Escribe allí: Testigo me es Dios de cuánto los añoro a todos ustedes en la tierna compasión (*splangchna*) de Cristo Jesús (cf. Flp 1, 8). Pablo siente por su gente con aquella misma intensidad divina que Jesús sintió hacia los que vinieron hacia Él con su dolor. El misterio reside en que Pablo ama a su gente con una intimidad divina. De este modo, su compasión es mucho más que mera simpatía o apego emocional. Es la expresión de su nuevo ser en Cristo. En Cristo, Pablo se ha vuelto capaz de la compasión de Dios que todo lo abarca y mueve en profundidad. Dice, pues: "Los añoro en el *splangchna* de Cristo", es decir, con la más íntima interioridad divina del propio Cristo. La nueva vida de Pablo en Cristo, que lo ha liberado de la competencia y rivalidad, le ha permitido extender a su gente la compasión divina. Esto nos manifiesta el gran misterio del ministerio de Pablo. Tocó a la gente con la compasión de Dios, una compasión tan profunda y tan plena que no puede quedar sin frutos. Éste es también el misterio de nuestro nuevo modo de estar juntos. Se ha vuelto posible estar juntos en compasión porque se nos ha concedido participar en la compasión de Dios. En y a través de esta compasión podemos comenzar a vivir en solidaridad con los demás tan plena e íntimamente como Dios vive con nosotros.

II
Dios siervo

SE DESPOJÓ DE SÍ MISMO

La compasión de Dios no es algo abstracto o indefinido, sino un gesto concreto y específico en el que Dios se abre a nosotros. En Jesucristo contemplamos la plenitud de la compasión de Dios. A nosotros, que gritamos desde lo más profundo de nuestro quebrantamiento solicitando una mano que nos toque, un brazo que nos abrace, unos labios que nos besen, una palabra que nos hable aquí y ahora, y un corazón que no se asuste de nuestros temores y temblores; a nosotros que sentimos nuestro dolor como ningún otro ser humano lo siente, lo ha sentido o jamás lo sentirá, y que siempre estamos aguardando a que alguien se atreva a acercársenos, a nosotros ha venido un hombre que puede decir con verdad: "Yo estoy con ustedes." Jesuscristo, el Dios-con-nosotros, se nos ha acercado en la libertad del amor, no por necesidad de experimentar nuestra condición humana sino como una elección libre motivada por el amor.

Este misterio de Dios-con-nosotros en Jesucristo no puede ser comprendido. Pero podemos y debemos penetrar en Él con humildad y reverencia para encontrar allí la fuente de nuestro alivio y consuelo. Cuando Jesús ya no estaba más con sus discípulos, la primitiva comunidad cristiana encontró nuevas palabras para expresar el misterio de la compasión de Dios. Una de las más hermosas y profundas de estas expresiones es el himno a Cristo que utiliza san Pablo cuando escribe a los filipenses:

El cual, siendo de condición divina.
no retuvo ávidamente
el ser igual a Dios.
Sino que se despojó de sí mismo
tomando condición de siervo,
haciéndose semejante a los hombres
y apareciendo en su porte como hombre;
y se humilló a sí mismo,
obedeciendo hasta la muerte
y muerte de cruz.

(Flp 2, 6-8)

Vemos aquí que el Dios compasivo que se nos autorreveló en Jesucristo es un Dios que se ha convertido en siervo. Nuestro Dios es un Dios siervo. Nos resulta difícil de comprender que hayamos sido liberados por alguien que había llegado a carecer de poder, que hayamos sido fortalecidos por alguien que se hizo débil, que hayamos encontrado nueva esperanza en quien se despojó a sí mismo de toda distinción, y que hayamos encontrado un jefe en quien se hizo siervo. Esto está más allá de nuestras posibilidades intelectuales y emocionales de aprehensión. Esperamos la libertad de alguien que no comparta nuestra misma prisión, la salud de alguien que no esté enfermo como nosotros, y nuevas orientaciones de quien no esté tan perdido y confundido como nosotros lo estamos.

Pero de Jesús se ha dicho que se despojó de sí mismo y asumió la condición de siervo. Ser siervo significa estar sujeto no sólo a los poderes humanos sino también a los sobrehumanos. Es la condición de impotencia en que uno se siente victimado por sucesos incontrolados, influencias anónimas y agentes caprichosos que merodean y que no se dejan comprender ni controlar. En la cultura en que el Evangelio fue proclamado por primera vez, estos poderes eran recibidos a menudo como dioses antagónicos y crueles. En nuestros días ya no se los personaliza, pero siguen siendo tan reales y espantosos. Cabezas nucleares y usinas atómicas, millones de hambrientos y de gente que muere, salas de torturas e inmensas crueldades, el incremento de los robos, violaciones y de conspiraciones torcidas y sádicas, todo esto nos da la sensación de que estamos rodeados por una red misteriosa de poderes que pueden destruirnos cualquier día u hora. La conciencia que tenemos de que apenas influimos en nuestro propio estilo de vida y trabajo, y la constatación de que en cualquier momento puede ocurrir algo que podría destruir de modo permanente nuestra vida, salud o felicidad, nos puede llenar por completo de tristeza o miedo.

¿Qué hay de sorprendente en que, siendo ésta nuestra condición, miremos bien lejos de nuestros ambientes espantosos, lejos del aquí y ahora, buscando algo o alguien "arriba" que nos libere de esta esclavitud? En tiempos de Jesús, igual que hoy día, encontramos un intenso deseo de algo inusitado, anormal y espectacular que nos pueda sacar de nuestra miseria y nos traslade a una esfera en que estemos a salvo del mundo, que amenaza con tragarnos.

SE HUMILLÓ A SÍ MISMO

Pero no se dice de Jesús que nos liberó de la servidumbre auxiliándonos desde arriba, sino que se hizo siervo con nosotros. La compasión de Dios es una compasión de Dios que se autorrevela en la servidumbre. Jesús quedó sometido a los mismos poderes e influencias que nos dominan a nosotros, y sufrió nuestros miedos, incertidumbres y ansiedades con nosotros. Jesús se despojó de sí mismo. Sacrificó su posición privilegiada, su posición de majestad y poder, y asumió de lleno y sin reservas la condición de total dependencia. El himno de Pablo a Cristo no nos pide que miremos hacia arriba, lejos de nuestra condición, sino que miremos en derredor nuestro y descubramos allí a Dios.

Pero ésta no es la última palabra. "Apareciendo en su porte como hombre, se humilló a sí mismo, obedeciendo hasta la muerte y muerte de cruz." Aquí se contiene el anuncio de la esencia de la compasión de Dios. Jesús no solamente conoció a fondo la condición dependiente y terrible del ser humano, sino que llegó incluso a experimentar la forma de muerte más despreciable y horrenda, la muerte en la cruz. No sólo se hizo hombre, sino que llegó a ser hombre del modo más doloroso y desamparado. No sólo conoció las incertidumbres y miedos propios del ser humano, sino que llegó hasta experimentar la agonía, el dolor y la total degradación de la tortura sangrienta y la muerte propia de un criminal declarado En esta humillación Jesús vivió en plenitud las consecuencias de haberse despojado de sí mismo para estar con nosotros compasivamente. No sólo sufrió nuestra penosa condición humana en todos sus detalles, sino que sufrió con nosotros la muerte en una de sus formas más crudas, feas y degradantes. Una forma de muerte que los seres humanos "normales" como nosotros apenas estamos dispuestos a considerar como nuestra.

En los relatos evangélicos sobre las curaciones de Jesús vemos cuán cerca quiere estar Dios de aquellos que sufren. Pero ahora vemos el precio que Dios está dispuesto a pagar por esa cercanía. Es el precio de la última servidumbre, el precio de hacerse esclavo, completamente dependiente de fuerzas extrañas, crueles, ajenas. Instintivamente protestamos contra esta modalidad de despojo y humillación voluntarios. Desde luego que apreciamos a quienes intentan comprendernos. Incluso estamos agradecidos a quienes quieren *sentir con* nosotros. Pero sospechamos cuando alguien elige tomar sobre sí el dolor que nosotros querríamos evitar a toda costa. Entendemos la solidaridad condicional, pero no entendemos la solidaridad ilimitada.

EL EMPUJE HACIA ABAJO

La compasión de Jesús se caracteriza por un empuje hacia abajo. Esto es lo que nos molesta. Nosotros no podemos ni pensar en nosotros mismos sino en términos de empuje hacia arriba, de movilidad ascendente en que luchamos por vidas mejores, salarios más altos y posiciones más prestigiosas. Por tanto, nos molesta profundamente un Dios que encarna un movimiento hacia abajo. En vez de luchar por una posición más elevada, por más poder y más influencia, Jesús va —como dice Karl Barth— de "las alturas a la profundidad, de la victoria a la derrota, de las riquezas a la pobreza, del triunfo al sufrimiento, de la vida a la muerte".[2] Toda la vida y misión de Jesús implica la aceptación de la impotencia y la revelación en esa impotencia del ilimitado amor de Dios.

Aquí vemos lo que significa compasión. No significa inclinarse hacia los desprivilegiados desde una posición privilegiada; no es un abrirse desde arriba a los desafortunados de abajo; no es un gesto de simpatía o piedad hacia quienes no han tenido éxito en el empuje hacia arriba. Por el contrario, la compasión significa ir directamente a las gentes y lugares en que el sufrimiento es más agudo, y construir allí un hogar. La compasión de Dios es total, absoluta, incondicional, sin reserva. Es la compasión de quien sigue yendo a los más olvidados rincones del mundo y que no puede descansar mientras sabe que hay seres humanos con lágrimas en sus ojos. Es la compasión de un Dios que no sólo se comporta como siervo, sino cuya servidumbre es una expresión directa de su divinidad.

El himno a Cristo nos hace ver que Dios revela su amor divino en su venida a nosotros como siervos. El gran misterio de la compasión de Dios consiste en que esta compasión, en su entrar con nosotros en la condición de esclavos, se nos autorrevela como Dios. Este gesto de hacerse siervo no es excepcional en su ser Dios. Su despojamiento y su humillación no son un desvío de su verdadera naturaleza. Su llegar a ser como nosotros y su muerte sobre la cruz no constituyen interrupciones temporales de su propia existencia divina. Por el contrario, en Cristo despojado y humillado encontramos a Dios, vemos quién es realmente Dios, llegamos a conocer su verdadera divinidad. Precisamente porque Dios es Dios, puede revelar su divinidad en forma de siervo. Como dice Karl Barth: "Dios no toma como un deshonor el hecho de marchar a un lugar lejano y ocultar su gloria. Él se honra verdaderamente en su encubrimiento. Este encubrimiento y la consiguiente acomodación a nosotros son la imagen y la reflexión en que lo vemos cómo Él es."[3] En su servidumbre, Dios no queda desfigurado, no asume algo que le resulte ajeno, no actúa contra o al margen de su ser divino. Al contrario, precisamente en esa servidumbre Dios elige revelársenos a sí mismo como Dios. Por esto, podemos decir que el empuje hacia abajo, tal como lo vemos en Jesucristo, no es un movimiento con el que Dios se aleja de sí, sino un movimiento hacia sí mismo tal como Él es realmente: un Dios para nosotros, que vino a servir y no a ser servido. Esto implica muy específicamente que Dios no quiere ser conocido sino a través de la servidumbre y que, entonces, la servidumbre es la autorrevelación de Dios.

EN SU CAMINO

Aparece aquí una nueva dimensión de nuestro llamado a la compasión. Si la compasión de Dios se autorrevela en el camino descendente de Jesucristo, entonces nuestra compasión respecto de cualquier otra persona implicará seguir su camino y participar en el despojo y la humillación voluntarios. Poca duda hay de que los discípulos de Jesús entendieron su llamado como un llamado a hacer presente en este mundo la compasión de Dios tomando con Jesús posiciones de servidumbre. Pero escribe: "Revístanse todos de humildad para ser sirvientes de los demás" (1 P 5, 5). En sus palabras resuenan las muchas invitaciones de Jesús a seguirlo en su camino humillado: "Quien se humille, será ensalzado" (Lc 14, 11). "Quien pierda su vida por mí y por el Evangelio, la salvará" (Mc 8, 35).

"Quien se haga pequeño como este niño, ése es el mayor en el Reino de los cielos" (Mt 18, 4). "Si alguno quiere venir en pos de mí, niéguese a sí mismo, tome su cruz y sígame" (Mc 8, 34). "Bienaventurados los pobres de espíritu..., los que lloran..., los que tienen hambre..., los perseguidos" (Mt 5, 3, 10). "Amen a sus enemigos y rueguen por los que los persigan" (Mt 5, 44).

Éste es el camino de Jesús y el camino al que llama a sus discípulos. El camino que al principio asusta o, por lo menos, nos crea una situación embarazosa. ¿Quién quiere ser humilde? ¿Quién quiere ser el último? ¿Quién quiere ser como un niño pequeño, carente de poder? ¿Quién desea perder su vida, ser pobre, llorar y pasar hambre? Todo esto parecer ir contra nuestras inclinaciones naturales. Pero, tan pronto como vemos que Jesús nos revela la naturaleza compasiva de Dios en su empuje hacia abajo, comenzamos a comprender que seguirlo es participar en la autorrevelación continuada de Dios. Al emprender con Jesús el camino de la cruz, nos volvemos personas en cuyas vidas puede automanifestarse la presencia compasiva de Dios en este mundo. Como observa Barth, lo que parece antinatural desde la perspectiva del mundo se vuelve natural para el seguidor de Cristo.[4] Del mismo modo que la naturaleza de Dios se evidencia en la servidumbre de Cristo, así también para quienes quieren proclamar la presencia de Dios en el mundo la servidumbre se convierte en la respuesta natural. Así, Pablo podía decir a los colosenses: "Ahora me alegro por los padecimientos que soporto por ustedes, y completo en mi carne lo que falta a las tribulaciones de Cristo, en favor de su cuerpo que es la Iglesia" (Col 1, 24). Para Pablo, la servidumbre se había vuelto natural. Pertenecía a su nuevo ser en Cristo.

NUESTRA SEGUNDA NATURALEZA

Nuestra "segunda naturaleza", la naturaleza que recibimos en y a través de Cristo, nos hace libres para vivir en servidumbre compasiva. La compasión no es ya una virtud que hayamos de ejercitar en circunstancias especiales o una actitud que hayamos de invocar cuando han sido agotadas otras formas de respuesta, sino que es el modo natural de estar en el mundo. Esta "segunda naturaleza" nos permite también superar la visión moralista de la compasión, es decir, preguntarnos por ella en tanto y en cuanto corresponde que exista en la vida de un buen cristiano, y en descubrirla como un nuevo estilo de estar en el mundo. Como cristianos, estamos llamados a ser embajadores de Cristo, en quien la realidad de la infinita compasión de Dios se hace concreta y tangible (cf. 2 Co 5, 20). Hacernos sirvientes humildes con Cristo, como discípulos suyos, es hacernos testigos del Dios vivo. La vida cristiana es una vida de testimonio del Dios compasivo a través de la servidumbre, no una vida en la que buscamos el sufrimiento y el dolor.

Al de afuera, mucho de la conducta cristiana le aparece como ingenuo, no práctico y a menudo rayano en la autoflagelación. Es comprensible que el de afuera crea que cualquiera que se siente atraído por el sufrimiento y el dolor y que desea humillarse a sí mismo hasta la servidumbre no puede ser tomado muy en serio. Buscar ser esclavo parece un estilo de vida tan pervertido que resulta ofensivo para la sensibilidad humana. Nadie encuentra equivocado o raro intentar ayudar a quien se halla visiblemente con carencias a nivel de las necesidades básicas de la vida y parece asimismo razonable intentar aliviar el dolor cuando ello es posible. Pero abandonar una posición exitosa y entrar libre, consciente e intencionadamente en otra de servidumbre parece morboso. Resulta violatorio de los instintos humanos más básicos. Intentar elevar a los demás hasta nuestra propia posición privilegiada parece honorable, e incluso quizás una expresión de generosidad; pero intentar ponernos a nosotros mismos en una posición de descrédito y quedar dependientes y vulnerables parece una forma de masoquismo que frustra lo mejor de nuestras aspiraciones.

Algo de esta actitud asoma en la expresión "ayuda a los menos afortunados", que con frecuencia oímos de labios de quienes piden u ofrecen ayuda. Esta expresión suena a elitista, porque presupone que *nosotros* lo hemos logrado y lo entendemos, mientras que ellos simplemente no han sido capaces de mantener nuestro ritmo y necesitan ser ayudados. Es la actitud de quien dice: "La suerte está de nuestro lado, y no del suyo. Pero como somos cristianos tenemos que darles una mano y compartir con ellos nuestra buena fortuna. El hecho innegable es que el mundo está dividido entre 'afortunados' y 'desafortunados'. No nos sintamos, pues, culpables de ello, pero como buenas personas, abrámonos a quienes les ha tocado estar del otro lado del cerco." En este modo de pensar, la compasión sigue siendo parte de la competencia y está en las antípodas de la servidumbre radical.

La servidumbre radical carece de sentido si no introducimos un nuevo nivel de comprensión y la vemos como el modo de encontrar al mismo Dios. Ser humilde y perseguido no puede ser deseado, a menos que podamos encontrar a Dios en la humildad y en la persecución. Cuando empezamos a ver al mismo Dios, fuente de todo nuestro alivio y consuelo, en el centro de la servidumbre, la compasión se convierte en mucho más que hacer algo bueno para la gente desafortunada. La servidumbre radical, como encuentro con el Dios compasivo, nos lleva más allá de las distinciones entre riqueza y pobreza, éxito y fracaso, fortuna y mala suerte. La servidumbre radical no consiste en rodearnos de la mayor cantidad posible de miseria, sino que es un gozoso estilo de vida en el que mantenemos los ojos abiertos a la visión del Dios verdadero, el cual elige el camino de la servidumbre para hacerse conocer. Los pobres son llamados bienaventurados no porque la pobreza sea buena, sino porque de ellos es el Reino de los Cielos; los afligidos son llamados bienaventurados no porque la aflicción sea buena, sino porque serán consolados.

Tocamos aquí la profunda verdad espiritual de que el servicio es una expresión de la búsqueda de Dios y no precisamente el deseo de aportar cambios a nivel individual o social. Esto da para toda clase de malentendidos, pero su verdad se ve confirmada en las vidas de aquellos para quienes el servicio es un asunto constante e ininterrumpido. Tan pronto como la ayuda que ofrecemos a los demás está motivada primariamente por los cambios que podemos conseguir, nuestro servicio no pude durar. Cuando los resultados no aparecen, cuando no hay éxito, cuando ya no somos apreciados ni alabados por lo que hacemos, perdemos la fuerza y la motivación para continuar. Cuando no vemos sino gente triste, pobre, enferma o miserable, que después de todos nuestros esfuerzos por ofrecerle ayuda sigue triste, pobre, enferma y miserable, entonces la única respuesta razonable es marcharnos para no volvernos cínicos o deprimidos. La servidumbre radical nos desafía a que, mientras intentamos persistentemente vencer la pobreza, el hambre, la enfermedad y cualquier otra forma de miseria humana, revelemos la presencia suave de nuestro Dios compasivo en el contexto de nuestro mundo quebrantado.

SIERVOS ALEGRES

La alegría y la gratitud son las cualidades del corazón que nos permiten reconocer a quienes están comprometidos en una vida de servicio siguiendo el camino de Jesucristo. Lo vemos en las familias en que los padres y los niños están atentos a sus mutuas necesidades y se dedican tiempo para estar juntos a pesar de las muchas presiones exteriores. Lo vemos en quienes siempre tienen una habitación para un forastero, un plato extra para una visita, tiempo para algún necesitado. Lo vemos en los estudiantes que trabajan con los ancianos y en muchos hombres y mujeres que ofrecen dinero, tiempo y energía a quienes están hambrientos, presos, enfermos o moribundos. Lo vemos en las hermanas que trabajan con los más pobres de los pobres. Dondequiera que vemos verdadero servicio vemos también alegría, porque en medio del servicio se hace visible la presencia divina y es ofrecido un don. Por eso, quienes sirven como seguidores de Jesús descubren que están recibiendo más de lo que dan. Así como una madre no necesita ser recompensada por la atención que presta a su niño, porque el niño es su gozo, del mismo modo quien sirve a su prójimo encontrará su recompensa en la gente a la que sirve.

La alegría de quienes siguen a su Señor por el camino del autodespojo y la humillación muestra que lo que ellos buscan no es la miseria y el dolor, sino al Dios cuya compasión han sentido en sus propias vidas. Sus ojos no están fijos en la pobreza y la miseria, sino en la faz del Dios que ama.

Este gozo puede ser visto correctamente como una anticipación de la plena manifestación del amor de Dios. Por eso el himno a Cristo no termina hablando de su camino descendente. Cristo se despojó y humilló a sí mismo:

> *Pero Dios lo exaltó*
> *y le otorgó el Nombre.*
> *que está sobre todo nombre.*
> *Para que al nombre de Jesús*
> *toda rodilla se doble*
> *en los cielos, en la tierra y en los abismos,*
> *y toda lengua confiese*
> *que Cristo Jesús es Señor*
> *para gloria de Dios Padre.*

(Flp 2, 9-11)

Sin estas frases finales nunca hubiéramos podido captar la plenitud de la compasión de Dios. La compasión de Dios revelada en Cristo no termina en sufrimiento sino en gloria. La servidumbre de Cristo es, desde luego, una servidumbre divina, una servidumbre que encuentra su plenitud en el señorío de Cristo resucitado, que recibió el Nombre que está sobre todo nombre. La resurrección de Cristo es la afirmación final de su servidumbre. Y toda servidumbre ha sido elevada y santificada con Cristo sirviente como la manifestación de la compasión con Dios. Ésta es la base de todo nuestro gozo y esperanza: nuestra vida de servidumbre es vivida en unión con Cristo resucitado, en y a través de quien hemos sido hechos hijos del Padre compasivo. Por eso Pablo puede decir: "Y, si son hijos, también herederos; herederos de Dios y coherederos de Cristo, ya que sufrimos con él, para ser también con él glorificados. Porque estimo que los sufrimientos del tiempo presente no son comparables con la gloria que se ha de manifestar en nosotros" (Rm 8, 17-18).

III
Dios obediente

LA VIDA ÍNTIMA DE DIOS

En Jesucristo, Dios se nos revela como un Dios de compasión. Esta compasión divina consiste en un estar de Dios con nosotros como siervo sufriente. Dios está con nosotros, siente con nosotros profunda y tiernamente. Permite a nuestro dolor humano que retumbe en su yo más íntimo. Llega incluso a dejar su posición privilegiada omnipotente y a aparecer en medio de nosotros como un siervo humilde que se ofrece a lavar nuestros pies heridos y cansados.

Pero ésta no es toda la historia de la compasión de Dios. Hay un elemento que tenemos que explorar a fondo para lograr otra vislumbre del misterio del infinito amor de Dios por nosotros. En Jesucristo, Dios no nos muestra su compasión haciéndose simplemente un siervo sufriente, sino haciéndose un siervo sufriente en la obediencia. La obediencia es lo que da a la servidumbre su dimensión más profunda.

Frecuentemente sentimos un gran deseo de ofrecer nuestros servicios a nuestros semejantes necesitados. A veces, incluso, soñamos en dar nuestras vidas a los pobres y vivir en solidaridad con quienes sufren. A menudo tales sueños nos llevan a actividades generosas, a proyectos buenos y valiosos, y a semanas, meses e incluso años de trabajo empeñoso. Pero la iniciativa sigue siendo nuestra todavía. Decidimos cuándo vamos y cuándo volvemos; decidimos qué hacer y cómo hacerlo; controlamos el nivel y la intensidad de nuestra servidumbre. Aun cuando en tales circunstancias se realiza mucha obra, hay siempre un peligro creciente de que incluso nuestra servidumbre sea una forma sutil de manipulación. ¿Somos realmente siervos cuando podemos volver a ser señores de nuevo una vez que creemos haber hecho nuestra parte o realizado nuestro aporte? ¿Somos realmente siervos cuando podemos decir cuándo, dónde y durante cuánto tiempo daremos de nuestro tiempo y energía? ¿Es el servicio en un país lejano una verdadera expresión de servidumbre cuando tenemos en el banco el dinero suficiente para volar a casa en cualquier momento?

Jesús vino al "país lejano" porque fue enviado. El ser enviado era lo que sobresalía de su conciencia. Nunca reclamó nada para sí mismo. Era el siervo obediente que no dijo ni hizo nada, absolutamente nada, sino en completa obediencia a Aquel que lo envió.

Intentamos expresar aquí lo que casi no puede ser trasladado a las palabras: en Jesús, Dios no sólo revela su compasión como servidumbre sino también como obediencia. Aquel por quien todo fue hecho se hizo obediente. Karl Barth escribe: "Pertenece a la vida íntima de Dios que ocurriera en obediencia..., en sí mismo es tanto Uno que es obedecido como Otro que obedece."[5] En Jesucristo se hace visible este lado íntimo de la naturaleza de Dios. En Jesucristo vemos que la compasión de Dios nunca puede ser separada de su obediencia. Porque, a través de la completa obediencia de Jesús, Dios ha hecho su entrada compasiva en nuestra condición humana, rota, herida y dolorida.

ESCUCHA ÍNTIMA

Dicho lo anterior, hemos de decir muchas otras cosas para impedir que nuestros sentimientos distorsionados sobre la obediencia interfieran con nuestra comprensión de Jesús como siervo obediente. La palabra *obediencia* a menudo evoca en nosotros muchos sentimientos e ideas negativos. Pensamos en alguien que tiene poder dando órdenes a quien carece de él. Pensamos en órdenes que ejecutamos sólo porque no podemos eludirlas. Pensamos en cosas que hacemos porque otros dicen que son buenas para nosotros, pero cuyo valor nosotros no vemos directamente. Pensamos en la gran distancia que media entre quien manda y quien obedece. Cuando decimos "lo hago obedeciendo órdenes", normalmente va implicado que no entendemos muy bien las razones de lo que estamos haciendo, pero aceptamos la autoridad de otra persona, dejando de lado nuestros propios deseos y necesidades. De este modo, la palabra *obediencia* queda frecuentemente desvirtuada por numerosos sentimientos de hostilidad, resentimiento o distancia. Casi siempre supone que alguien está en situación de imponer su voluntad a otros.

Ninguna de estas asociaciones, sin embargo, tiene nada que ver con la obediencia de Jesucristo. Su obediencia es escucha de la palabra amorosa de Dios y respuesta a la misma. La palabra *obediencia* se deriva de la palabra latina audire, que significa "escuchar". La obediencia, tal como está encarnada en Jesucristo, es una escucha total, un prestar atención sin vacilación o límite alguno, un ser "todo oído". Es una expresión de la intimidad que puede existir entre dos personas. En este caso, quien obedece conoce en su totalidad la voluntad de quien le manda y tiene un solo deseo que lo resume todo: vivir hasta el fin de esa voluntad.

Esta escucha íntima está bellamente expresada en el trato que Jesús da a Dios como su Padre, su querido Padre. Usada por Jesús, la palabra obediencia no tiene nada que ver con el miedo, sino que por el contrario resulta ser la expresión de su relación más íntima y amorosa. Es la relación con su Padre solícito que dijo, cuando su bautismo en el Jordán: "Éste es mi Hijo amado" (Mt 3, 17), y durante su oración en el monte Tabor: "Éste es mi Hijo amado..., escúchenlo" (Mt 17, 5). Las acciones y las palabras de Jesús son la respuesta obediente a este amor de su Padre. Nunca insistiremos bastante en que, cuando Jesús llama a Dios su Padre, habla de un amor que incluye y trasciende todos los amores que nosotros conocemos. Se trata del amor de un padre, pero también de madre, hermano, hermana, amigo y amante. Es severo, misericordioso, celoso, pero gustoso en compartir, espoleante y conductor, desafiante y cuidadoso, desinteresado y reanimante, supresor del yo y muy íntimo. Los muchos detalles de amor que hemos podido experimentar en la variedad de relaciones humanas se dan todos ellos en el amor entre Jesús y su Padre celestial, pero son también trascendidos por este mismo amor.

ATENCIÓN AL PADRE

Hasta ahora hemos usado la palabra *Dios* primariamente para indicar el sujeto de al compasión divina. Pero hay que recordar que Jesús llama a ese Dios compasivo *abba*, "Padre querido". La obediencia es una escucha amorosa de Dios, del Padre querido. En esa escucha no hay momento alguno de distancia, ni miedo, vacilación o duda, sino solamente el amor incondicional, ilimitado e irrestricto que viene del Padre. La respuesta de Jesús a ese amor es asimismo incondicional, ilimitada e irrestricta. Entenderemos mal el compromiso de Jesús con el mundo del sufrimiento y del dolor y su entrega personal a él como siervo, si vemos su actividad como las iniciativas heroicas de un hijo deseoso de ser aprobado por un padre cuyo amor ha de ser merecido o como el cumplimiento ansioso de un mandato dado por un padre cuya voluntad ha de ser respetada. Por el contrario, en estas acciones lo que vemos es una escucha divina al amor divino, una respuesta amorosa a una misión amorosa y un "sí" libre a un mandato libre.

Desde las primeras palabras que Jesús dijo en el Templo: "¿No sabían que yo debía ocuparme en las cosas de mi Padre?" (Lc 2, 49), hasta sus últimas palabras en la cruz: "Padre, en tus manos pongo mi espíritu" (Lc 23, 46), queda claro que su único interés consiste en hacer la voluntad de su Padre. Impresionados por las palabras y obras sanantes de Jesús, olvidamos a menudo que todo su ministerio era un ministerio de obediencia. La verdadera grandeza de la vida y dichos de Jesús radica en su obediencia. Otros han realizado milagros, han atraído multitudes y las han impresionado con sus palabras, han criticado la hipocresía de los dirigentes religiosos y han sido muertos cruelmente en testimonio de sus ideales. Si lo que buscamos son hombres y mujeres bravos, heroicos e incluso generosos, entonces encontramos muchos que, a fin de cuentas, son comparables a Jesús en sus dichos y en sus hechos. Lo que coloca a Jesús aparte de todos los otros seres humanos es su obediencia a su Padre celestial. "Yo no puedo hacer nada por mi cuenta... no busco mi voluntad, sino la voluntad del que me ha enviado" (Jn 5, 30). "Las palabras que les digo, no las digo por mi cuenta; el Padre que permanece en mí es el que realiza las obras" (Jn 14, 10). En el momento de su más grande agonía, a lo que adhiere Jesús es a la voluntad del Padre. "Padre mío, si esto no puede pasar sin que yo lo beba, hágase tu voluntad" (Mt 26, 42). La muerte de Jesús vino a ser su último acto de obediencia: "Se humilló a sí mismo y se hizo obediente hasta la muerte" (Flp 2, 8).

No es sorprendente que el apóstol Pablo considere la obediencia de Jesús como la fuente de nuestra salvación. Escribe a los cristianos de Roma: "Así como por la desobediencia de un solo hombre todos fueron constituidos pecadores, así también por la obediencia de uno solo todos serán constituidos justos" (Rm 5, 19). En realidad, del mismo modo que las palabras de Jesús tenían autoridad divina por haber sido pronunciadas en obediencia, así también su muerte lo convirtió en nuestro salvador divino por haber sido aceptada en obediencia.

Así, el Dios de la compasión no es sólo un Dios que sirve sino también un Dios que sirve en obediencia. Cada vez que separamos la servidumbre de la obediencia, la compasión se convierte en una forma de estrellato espiritual. Pero cuando caemos en la cuenta de que la compasión de Jesús nació de una escucha íntima del amor incondicional del Padre, podemos entender cómo la servidumbre puede ser en realidad la plena expresión de la compasión. Jesús se abre al mundo sufriente desde el centro silencioso en el que permanece en total atención a su Padre. El Evangelio de Marcos nos ofrece un bello ejemplo de este movimiento que va de la escucha íntima a la actividad compasiva. Leemos allí: "De madrugada, cuando todavía estaba muy oscuro, se levantó, salió y fue a un lugar solitario, donde se puso a orar" (Mc 1, 35). Desde este lugar, en el que Jesús estaba completamente concentrado en su Padre querido, fue llamado a la acción. "Todos te buscan", le dicen sus discípulos, y en obediencia a su Padre respondió: "Vayamos a otra parte, a los pueblos vecinos, para que también allí predique; pues para eso he salido." Y así "recorrió toda Galilea, predicando en sus sinagogas y expulsando los demonios" (Mc 1, 37-39).

En Jesús, la compasión de Dios se nos revela como sufriendo con nosotros en obediencia. Jesús no es un héroe valiente cuyo acto de autovaciamiento y autohumillación le haga merecedor de nuestra adoración y autoalabanza. No es un superasistente social, un supermédico o un superauxiliador. No es un gran héroe que realiza actos de autoabnegación que nadie puede imitar. Jesús no es ni un gigante espiritual ni una superestrella cuya compasión nos ponga celosos y cree en nosotros el deseo competitivo de llegar tan lejos, alto y profundo como Él. No, Jesús es el siervo obediente que escucha el llamado y desea responder aun cuando esto lo lleve al dolor y al sufrimiento. Lo que desea no es experimentar el dolor, sino prestar toda su atención, sin división alguna, a la voz de su Padre amado.

CON SU AMOR EN NOSOTROS

La insistencia en la obediencia como característica esencial de la compasión divina aporta una nueva perspectiva a nuestras vidas. Nos dice que el seguimiento de Cristo en su compasión no significa buscar el sufrimiento como una meta en sí mismo. Los cristianos han sido comprensiblemente criticados de sentir una atracción morbosa hacia el sufrimiento. Pero el sufrimiento no es el asunto. Asociarse a Jesucristo no implica un compromiso de sufrir lo más posible, sino el compromiso de escuchar con Él el amor de Dios sin miedo. A la obediencia —entendida como una escucha íntima y desprovista de miedo al constante amor de Dios— somos llamados.

A menudo nos sentimos tentados de "explicar" el sufrimiento como "voluntad de Dios". Esto no solamente puede provocar cólera y frustración, sino que además es falso. "La voluntad de Dios" no es una etiqueta que pueda ser pegada a las situaciones infelices. Dios quiere traer alegría, no dolor; paz, no guerra; curación, no sufrimiento. Por eso, en vez de apresurarnos a declarar cualquier cosa como voluntad de Dios, lo que necesitamos es preguntarnos en medio de nuestros dolores y sufrimientos dónde podemos discernir la presencia amorosa de Dios.

Cuando, no obstante, descubrimos que nuestra escucha obediente nos lleva hasta nuestros vecinos sufrientes, podemos ir hacia ellos en la conciencia gozosa de que es el amor el que nos lleva allí. Somos malos escuchas porque tememos que en Dios haya otra cosa que no sea amor. Esto no es tan raro, ya que nosotros raramente, si es que alguna vez experimentamos amor sin mezcla de celos, resentimiento, venganza e incluso odio. Frecuentemente vemos que el amor está acorralado por limitaciones y condicionamientos. Propendemos a dudar de lo que se nos presenta como amor y estamos siempre en guardia, preparados para las desilusiones. El escéptico que todos llevamos dentro no capitula fácilmente. Por eso nos resulta tan duro escuchar u obedecer simplemente. Pero Jesús escuchó y obedeció auténticamente porque Él conoció el amor de su Padre: "No es que alguien haya visto al Padre; sino aquel que ha venido de Dios, ése ha visto al Padre" (Jn 6, 46). "Ustedes no lo conocen, pero yo lo conozco porque vengo de Él" (Jn 7, 28-29).

Hay más, sin embargo. Jesús no vino al mundo aferrándose a esta intimidad con su Padre como si se tratara de algo exclusivamente suyo. Vino a incluirnos a nosotros en su obediencia divina. Quiso conducirnos hasta el Padre para que pudiéramos disfrutar la misma intimidad que Él disfrutaba. Cuando llegamos a reconocer que estamos llamados a ser hijas e hijos de Dios y a escucharlo a Él, nuestro Padre amoroso, con total confianza y abandono, veremos también que somos invitados a ser tan compasivos como el mismo Jesús. Cuando la compasión se convierte en nuestro primer y único interés, entonces también nosotros podremos entrar en el mundo compasivamente y sentir su sufrimiento de modo tan profundo que podremos dar nueva vida a los demás. Esto es lo que Jesús mismo nos dijo en sus asombrosas palabras: "Créanme: yo estoy en el Padre y el Padre está en mí... Yo les aseguro: el que crea en mí, hará él también las obras que yo hago, y hará mayores aún, porque yo voy al Padre. Y todo lo que pidan en mi nombre, yo lo haré, para que el Padre sea glorificado en el Hijo" (Jn 14, 11-13).

CON LOS OJOS EN DIOS

Al considerar la compasión como una respuesta obediente a nuestro Padre amoroso, superamos la constante tentación de verla como un acto noble de autosacrificio. Esta tentación es enorme. Muchos cristianos han sido partidarios de la idea de que, cuanto más pudieran sufrir, mejor sería. Frecuentemente los cristianos han llegado hasta a castigarse a sí mismos con variedad de formas de dolor, en la falsa creencia de que haciendo eso seguían a Jesucristo. Esta actitud de autodestrucción ha provocado muchas críticas. Probablemente el más conocido crítico al respecto sea Federico Nietzsche. Escribe este autor: "El cristianismo ha optado por todo lo que es débil y bajo, por todos los fracasos; ha hecho un ideal de cuanto contradice los instintos de la vida fuerte por preservarse a sí misma...; en la base del cristianismo está el rencor del instinto enfermo dirigido contra el sano, contra la salud misma."[6]

Este tipo de críticas nos hace caer en la cuenta de nuestra tendencia a restringir nuestra visión de Jesús a su sacrificio voluntario sobre la cruz. Olvidamos que este sacrificio fue una respuesta obediente a un Padre amoroso que no sólo mandó a su hijo al mundo sino que también lo resucitó de la muerte para sentarlo a su derecha. El "viaje al país lejano", como Barth califica la misión de Jesús, es un viaje de amor. Nosotros estamos llamados a participar de este viaje. Cada vez que hacemos de la participación en el sufrimiento humano una meta final, un objetivo o un ideal, distorsionamos nuestra vocación cristiana y nos hacemos tanto daño a nosotros mismos como a nuestros semejantes. Esto resulta eminentemente claro en las vidas de los santos y de todos los cristianos comprometidos a fondo. Sus ojos no están dirigidos al dolor sino al Señor. Su pregunta no es: "¿Cómo puedo sufrir más para Dios?", sino: "¿Cómo puedo escucharlo mejor?"

Un reportaje sobre el poeta coreano Kim Chi Ha muestra cómo la verdadera escucha lleva a un grito implacable en favor de la justicia y a un compromiso insobornable en la búsqueda de la verdad. Encarcelado y torturado repetidas veces por el régimen de Park Chung Hee, por su crítica elocuente de la opresión en Corea del Sur, Kim Chi ha fue sentenciado de por vida en 1976. No obstante, su espíritu permanece firme y su esperanza impávida, pues por encima de su propio sufrimiento y del sufrimiento de su pueblo ve el sufrimiento de Jesucristo. En su drama *Jesús coronado de oro*, un leproso, el más despreciable de todos los marginados de la sociedad en Corea, encuentra a Jesús encarcelado en concreto por oficiales del gobierno, de los negocios y de la Iglesia. El leproso pregunta: "¿Qué se puede hacer para liberarte, Jesús, para hacerte vivir de nuevo, de modo que puedas venir a nosotros?" Y Jesús respondió: "Sólo mi poder no basta. Tienen que ayudar para mi liberación personas como tú. Quienes sólo buscan comodidades, riquezas, honor y poder de este mundo, quienes sólo se preocupan de entrar ellos mismos en el Reino de los Cielos y se olvidan de los pobres... no pueden devolverme la vida... Sólo los muy pobres y sufrientes como ustedes, los que son generosos de espíritu y buscan ayudar a los pobres y los desgraciados pueden darme de nuevo la vida. Ustedes me han ayudado a vivir otra vez. Ustedes han sacado la corona de oro de mi cabeza y han liberado así mis labios para hablar. Las personas como tú serán mis libertadores."[7]

Quedaríamos impresionados por la gran compasión que vemos en las vidas de testigos como Kim Chi Ha, pero ellos mismos raramente lo hacen notar. No disfrutan con el sufrimiento, no sienten atracción alguna por él. Sólo desean aliviarlo y aminorarlo. Pero se sienten atraídos por el amor de Dios con tal fuerza que perciben el sufrimiento y el dolor sólo como una parte de su vocación, una parte que serán capaces de aceptar cuando les llegue el momento.

SIN MIEDO

En nuestro tiempo, tan plagado de crueles persecuciones, es comprensible que nos preguntemos si seríamos capaces de soportar el sufrimiento severo sobre el que leemos o escuchamos hablar. Nos preguntamos cómo prepararnos para él y a menudo nos preocupamos por un futuro en el que proyectamos muchos horrores y tragedias. Pero si nuestra primera preocupación fuese escuchar atentamente a Dios en nuestras vidas y discernir su voluntad para nosotros aquí y ahora, estas preocupaciones se mostrarían injustificadas y distrayentes. Gran parte de nuestra intranquilidad, nerviosismo y tensión está relacionada con nuestras preocupaciones sobre el futuro desconocido. A veces intentamos aliviar estas preocupaciones sobre el futuro desconocido. A veces intentamos aliviar estas preocupaciones con planes de largo alcance. Pero nuestro trabajo de cara al futuro debería basarse no en la ansiedad sino en la visión de algo valioso en el presente. Cuando nuestros esquemas para un mundo nuevo son tan sólo una expresión de la infelicidad que nos produce el presente, corremos el riesgo de participar en lo que Thomas Merton llamó "desesperanza organizada."

La obediencia es escucha de una voz que nos habla hoy y nos posibilita sentir el cuidado amoroso de Dios en nuestras vidas actuales. La obediencia es prestar atención por completo a lo que el Padre nos dice en este preciso momento y responder amorosamente a lo que percibimos, porque Dios es nuestro Padre amante en quien no hay otra cosa que amor. En su presencia no caben recelo, miedo y ansiedad. El miedo siempre crea distancia y divisiones. Pero en la presencia de Dios el miedo se esfuma. "No hay temor en el amor; sino que el amor perfecto expulsa el temor" (1 Jn 4, 18).

Así, cuando prestamos cuidadosa atención a la presencia amorosa de Dios, el sufrimiento hacia el que podríamos ser conducidos no logrará nunca oscurecer nuestros corazones o paralizar nuestros sentimientos. Encontraremos que nunca se nos pedirá que suframos más de lo que podemos soportar y que nunca se nos probará por encima de nuestras fuerzas. Cuando somos llevados por el amor y no conducidos por el temor, podemos penetrar en los lugares de la más grande oscuridad y dolor y experimentar de modo irrepetible el poder de la solicitud de Dios. Las palabras finales de Jesús a Pedro son la más fuerte afirmación de esta verdad. Tras haberle preguntado a Pedro por tres veces "¿Me amas?" y haberle confesado Pedro tres veces también su amor, Jesús dijo: "Cuando llegues a viejo, extenderás tus manos y otro te ceñirá y te llevará adonde tú no quieras" (Jn 21, 18). Aunque Pedro no lo deseaba, fue llevado a la cruz, como Jesús. Pero porque fue el amor y no el temor lo que lo llevó allí, la cruz ya no fue un signo de derrota sino de victoria.

La realidad de este amor queda patente en los relatos de los cristianos que han sufrido terribles torturas en América latina. Un hermano que fue arrestado y encarcelado tras haber trabajado entre los pobres en la Argentina durante siete años, escribe: "Lo que caracterizaba nuestra vida cristiana durante todo este tiempo en prisión era la oración, y más concretamente la oración de intercesión. Cuando escuchas los gritos desesperados de tus amigos que están siendo torturados y cuando te sientes totalmente incapaz de hacer algo, caes en la cuenta de que orar e interceder es la única actividad humana valiosa que uno es capaz de realizar." Esta carta, que describe una oscuridad que muy pocos han llegado a experimentar, rebosa de sentimiento de victoria en forma notable. En medio de la oscuridad, este hermano anónimo sintió el amor de Dios y la compasión hacia sus hermanos de un modo tan nuevo e intenso, que cierra su carta diciendo: "No resulta fácil encontrarse a uno mismo devuelto al mundo cristiano normal. Todo parece gastado, formal, carente de intensidad y de calma. En la cárcel, el Evangelio fue para nosotros nuestra fuerza, nuestra arma contra el mal, contra el odio, contra la opresión." El editor del *Catholic Worker*, que publicó esta carta, anotó: "La Iglesia está teniendo en América latina, y en muchos lugares del Tercer Mundo, una terrible oportunidad que nos atrevemos a envidiar."[8]

Este sufrir con otros en obediencia es el camino para encontrar a nuestro Dios compasivo, cuyo amor nos capacita para vivir en medio del mundo, sirviendo a nuestros hermanos y hermanas con un profundo sentimiento de gozo y gratitud.

Dios es un Dios compasivo. Ésta es la buena nueva traída hasta nosotros en y por medio de Jesucristo . Éste es Dios-con-nosotros al que nada humano le resulta ajeno y vive en solidaridad con nosotros. Es un Dios siervo que lava nuestros pies y cura nuestras heridas, y un Dios obediente que escucha y responde a su Padre divino con amor ilimitado. Al asociarnos a Jesucristo, estamos llamados a ser compasivos como lo es nuestro Padre. En y por medio de Él nos resulta posible ser efectivamente testigos de la compasión de Dios, y signos de esperanza en medio de este mundo desesperado.

La vida compasiva

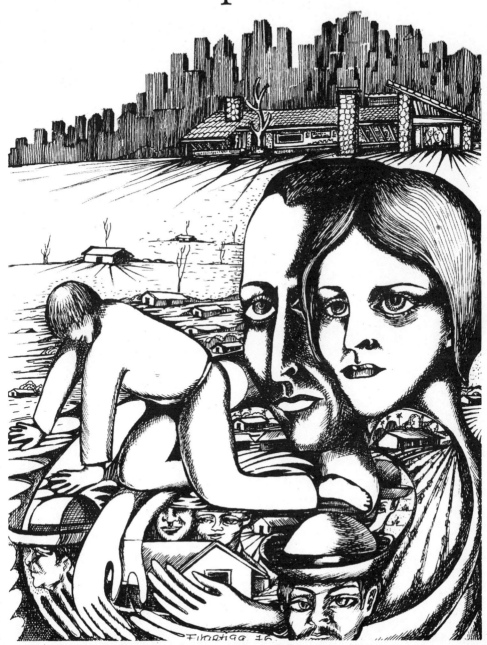

IV
Comunidad

NADA DE ESTRELLATO INDIVIDUAL

La pregunta principal de la segunda parte de nuestras reflexiones versa sobre el discipulado. Hay muchos modos de formularla: ¿Cómo podemos responder de modo creativo al llamado de Jesús: "Sean compasivos como su Padre es compasivo"? ¿Cómo podemos hacer de la compasión de Dios la base y la fuente de nuestras vidas? ¿Cómo es posible para nosotros, seres humanos, quebrantados y pecadores, seguir a Jesús y convertirnos así en manifestaciones de la compasión de Dios? ¿Qué significa para nosotros solidarizarnos con nuestros semejantes y brindarles un servicio obediente?

El mensaje que nos trae el Nuevo Testamento es que la vida compasiva es una vida compartida. La compasión no es un rasgo del carácter individual, una actitud personal o un talento especial, sino un modo de vivir juntos. Cuando Pablo exhorta a los cristianos de Filipos a vivir compasivamente con la misma mentalidad de Cristo, ofrece una descripción concreta de lo que esto significa: "Nada hagan por rivalidad, ni por vanagloria, sino con humildad, considerando cada cual a los demás como superiores a sí mismo, buscando cada cual no su propio interés sino el de los demás" (Flp 2, 3-4). Además, Pablo insiste en que la vida compasiva es una vida en comunidad: "Yo les pido por el estímulo de vivir en Cristo, por el consuelo del amor, por la comunión en el Espíritu, por la entrañable compasión, que colmen mi alegría, siendo todos del mismo sentir, con un mismo amor, un mismo espíritu, unos mismos sentimientos" (Flp 2, 1-2).

Precisamente por estar tan acostumbrados a pensar en términos de grandeza individual y de heroísmo personal, necesitamos reflexionar cuidadosamente sobre el hecho de que la vida compasiva es vida comunitaria. Testimoniamos la presencia compasiva de Dios en el mundo por el modo como vivimos y trabajamos juntos. Los primeros convertidos por los Apóstoles manifestaron su conversión no en base de proezas de estrellato individual sino ingresando a una vida nueva en comunidad: "Todos los creyentes vivían unidos y tenían todo en común; vendían sus posesiones y sus bienes y repartían el precio entre todos, según la necesidad de cada uno. Acudían al templo todos los días con perseverancia y con un mismo espíritu, partían el pan por las casas y tomaban el alimento con alegría y sencillez del corazón. Alababan a Dios y gozaban de la simpatía de todo el pueblo. El Señor agregaba cada día a la comunidad a los que hacía salvar" (Hch 2, 44-47). La compasión de Dios se evidenciaba en un estilo radicalmente nuevo de vida que maravillaba y sorprendía a los de afuera, que decían: "Miren cómo se aman."

Una vida compasiva es aquella en la que el compañerismo con Cristo se pone de manifiesto en un nuevo compañerismo entre quienes lo siguen. Tendemos tanto a considerar la compasión como un logro individual, que perdemos de vista con facilidad su naturaleza esencialmente comunitaria. Al asociarnos a Jesucristo, que se vació de sí mismo y se hizo como nosotros, y se humilló aceptando la muerte en la cruz, entramos en una nueva relación mutua entre nosotros. Estas dos relaciones mutuas, con Cristo y entre nosotros, no pueden ser separadas jamás. No basta con decir que la nueva relación con Cristo lleva a una nueva relación entre nosotros. Más bien hemos de decir que la mente de Cristo es la que nos reúne en comunidad; nuestra vida en comunidad es la manifestación de la mente de Cristo. Como dice Pablo a los romanos:

No se acomoden al mundo presente, antes bien transfórmense mediante la renovación de su mente, de forma que puedan distinguir lo que es la voluntad de Dios: lo bueno, lo agradable, lo perfecto. (Rm 12, 2)

SIGUIENDO SUS HUELLAS

Seguir a Jesús significa relacionarse con los demás como Él se relaciona con nosotros; esto es, relacionarnos entre nosotros como Jesús lo hizo: en servidumbre y humildad. El discipulado es un caminar juntos siguiendo sus huellas. Aun viviendo en este mundo, nos hemos descubierto mutuamente como compañeros en el mismo camino y hemos formado una comunidad nueva. Mientras seguimos todavía sujetos al poder del mundo y profundamente inmersos en la lucha humana, nos hemos convertido en un pueblo nuevo con una mentalidad nueva, una manera nueva de ver y escuchar y una nueva esperanza, a causa de nuestra confraternidad en Cristo. La compasión, pues, no puede ser separada jamás de la comunidad. La compasión se revela siempre en comunidad, en un modo nuevo de estar juntos. La fraternidad con Cristo es fraternidad con nuestros hermanos y hermanas. Esto es afirmado con mucha fuerza por Pablo cuando llama a la comunidad cristiana el Cuerpo de Cristo.

La presencia de Jesucristo, cuyo señorío consiste en el servicio obediente, se nos manifiesta en la vida de la comunidad cristiana. Es en la comunidad cristiana donde podemos ser abiertos y receptivos con respecto al sufrimiento del mundo, y ofrecerle una respuesta compasiva. Porque donde alguien se reúne en el nombre de Cristo está Él presente como Señor compasivo (cf. Mt 18, 20). Jesucristo en sí mismo es y sigue siendo la manifestación más radical de la compasión de Dios.

La idea de que la compasión de Dios, tal como se ha revelado a sí misma en Jesucristo, se hace visible en el tiempo y en el espacio por la comunidad cristiana nos plantea muchas preguntas difíciles. En nuestra sociedad, la compasión ha perdido su contexto comunitario y, a causa de ello, ha degenerado a veces en su contrario. Sólo precisamos examinar algunas de las formas en que el sufrimiento humano se nos presenta en la actualidad, para comprender mejor la naturaleza comunitaria de la compasión.

BOMBARDEO DE LOS SENTIDOS

Uno de los hechos más trágicos de nuestro tiempo es que conocemos mejor que antes los dolores y sufrimientos del mundo, pero cada vez somos menos capaces de darles una respuesta adecuada. Radio, televisión y periódicos nos permiten seguir día tras día —e incluso hora tras hora— lo que está ocurriendo en el mundo. Oímos hablar de conflictos armados y guerras, asesinatos, terremotos, sequías e inundaciones, hambre y epidemias, campos de concentración y cámaras de tortura, así como de otras muchas formas de sufrimiento humano, cerca o lejos de nosotros. Y no sólo oímos hablar sobre todo esto, sino que nos topamos diariamente con imágenes de niños famélicos, de soldados movilizados, de casas incendiadas, de pueblos inundados y coches retorcidos. Las noticias parecen haberse convertido en una letanía casi interminable de sufrimientos humanos. La pregunta es si estas formas altamente sofisticadas de comunicación y esta creciente cantidad de información llevan a una mayor solidaridad más profunda y a una compasión mayor. Y hay muchas dudas sobre ello.

¿Podemos esperar realmente una respuesta compasiva de los millones de individuos que leen el periódico durante su desayuno, escuchan la radio de camino para el trabajo y ven la televisión al volver a casa cansados de su jornada en su oficina o fábricas? ¿Podemos razonablemente esperar compasión de los innumerables individuos aislados que están siendo constantemente avisados, en la privacidad de sus casas o de su automóvil, de la vastedad del sufrimiento humano?

Parece haber el convencimiento general de que es provechoso para la gente vivir en relación con el dolor y el sufrimiento del mundo. Actúan bajo esta convicción no sólo los periódicos y los informativos de las radios, sino incluso la mayoría de las organizaciones cuyo principal interés es la ayuda a las personas que sufren. Organizaciones de caridad envían a menudo cartas en las que describen las condiciones miserables en diversos lugares del mundo e incluyen fotografías de personas cuya humanidad resulta difícil de reconocer. Al hacer esto, esperan motivar al destinatario para que mande dinero en apoyo de proyectos de ayuda.

Podríamos preguntarnos, sin embargo, si semejantes medios de comunicación dirigidos a millones de personas que se sienten pequeñas, insignificantes, impotentes, no hacen en la práctica más mal que bien. Donde no haya una comunidad que pueda mediar entre las necesidades del mundo y las respuestas personales, el peso del mundo sólo puede ser un peso que aplasta. Cuando los dolores del mundo son presentados a personas que ya están abrumadas por los problemas que hay en su pequeño círculo familiar o de amistades ¿cómo podemos esperar una respuesta creativa? Lo que podemos esperar es lo opuesto a la compasión: aturdimiento y rabia.

La exposición masiva a la miseria humana conduce a menudo al aturdimiento psíquico. Nuestras mentes no pueden soportar que les recuerden constantemente cosas que interfieren con lo que estamos haciendo en ese momento. Cuando tenemos que abrir nuestra tienda por la mañana, llevar adelante nuestros negocios, preparar nuestras clases o hablar a nuestros compañeros de trabajo, no podemos compenetrarnos con la miseria colectiva del mundo. Si dejásemos que todo el contenido de la noticia penetrase en lo íntimo de nuestro ser, quedaríamos tan abrumados por los absurdos de la existencia que nos paralizarían. Si intentáramos absorber todo lo relatado por los periódicos, la radio o la televisión, seríamos incapaces de hacer nada. La continuidad de nuestra eficacia requiere de un filtro mental que modere el impacto de las noticias diarias.

Pero hay más. La exposición a la miseria humana a escala masiva no sólo nos lleva al aturdimiento psíquico, sino también a la hostilidad. Esto puede parecer extraño, pero cuando miramos con más atención la respuesta humana a la información perturbadora constatamos que el enfrentamiento con el dolor humano crea a menudo ira en lugar de solicitud, irritación en vez de simpatía, e incluso furia en lugar de compasión. El sufrimiento humano, que llega hasta nosotros de una manera y en una escala prácticamente inasimilables, evoca con frecuencia fuertes sentimientos negativos. A menudo, el encuentro con personas de aspecto miserable pone en evidencia algunos de los impulsos humanos más básicos. Del modo más horrendo, éste fue el caso en los campos de concentración nazis, vietnamitas y chilenos, en los que la tortura y la crueldad parecían verse facilitadas tanto más cuanto peor aspecto tenían los prisioneros. Cuando ya no podemos reconocer a las personas sufrientes como nuestros semejantes, su dolor evoca más disgusto y rabia que compasión. Por eso no es raro que el diario de Ana Frank haya contribuido más para la comprensión de la miseria humana que muchas de las películas que muestran largas filas de gente famélica, edificios sombríos con chimeneas siniestras y pilas de cadáveres humanos demacrados. A Ana Frank la podemos entender; las pilas de carne humana sólo consiguen enfermarnos.

¿Cómo podemos explicar este aturdimiento psíquico y esta rabia? El aturdimiento psíquico y la rabia son reacciones propias de quien dice: "Si yo no puedo hacer nada al respecto, ¿por qué me molestas con eso?" Enfrentados con el dolor humano y conscientes al mismo tiempo de nuestra impotencia, nos sentimos ofendidos hasta el núcleo de nuestro ser y nos replegamos en nuestras defensas de aturdimiento y rabia. Si la compasión significa entrar en solidaridad con nuestros semejantes que sufren, entonces la creciente presentación del sufrimiento humano por los medios de comunicación no sirve para provocar compasión. Quienes sobresalen por su conocimiento de lo que ocurre en el mundo —quienes prestan mucha atención a los periódicos, a la radio y a la televisión— no sobresalen necesariamente como personas compasivas.

La respuesta compasiva a lo que los medios de comunicación nos presentan se hace más difícil también a causa de su "neutralidad". Las noticias de la tarde ofrecen un buen ejemplo. Todo lo que el locutor anuncia —guerra, asesinato, inundaciones, el tiempo y los resultados del fútbol— está dicho con el mismo tono consabido de voz y la misma expresión facial, que son ya rituales. Más aún, hay casi un orden litúrgico para la letanía de los sucesos: primero los asuntos que constituyen grandes noticias sobre conflictos nacionales e internacionales, después los accidentes locales, luego la bolsa y el tiempo, seguidos de unas breves palabras de "sabiduría", y finalmente algo ligero o divertido. Todo esto se ve interrumpido con regularidad por gente sonriente que nos urge a comprar cosas de dudosa necesidad. El "servicio" en su conjunto resulta tan distante y frío que la respuesta más evidente es la de no gastar en ello más energía que la empleada en lavarse los dientes antes de ir a la cama.

La pregunta, pues, es ésta: ¿Cómo podemos ver el sufrimiento de nuestro mundo y ser movidos a compasión como lo fue Jesús cuando vio a una gran multitud sin alimentos (cf. Mt 14, 14)? Esta pregunta se ha hecho urgente en un tiempo como el nuestro, en el que vemos mucho y nos conmovemos tan poco.

LA COMUNIDAD COMO MEDIADORA

La comunidad cristiana media entre el sufrimiento del mundo y nuestras respuestas individuales a ese sufrimiento. Pues la comunidad cristiana es la presencia viva de Cristo mediador, y por eso somos capaces de tener plena conciencia de la penosa condición de la familia humana sin quedar paralizados por la misma. En la comunidad cristiana podemos mantener nuestros ojos y oídos abiertos a todo lo que ocurre, sin quedar aturdidos por el exceso de estimulación tecnológica o encolerizados por la sensación de impotencia. En la comunidad cristiana podemos estar conscientes del hambre, la opresión, la tortura y la amenaza nuclear sin caer en la resignación fatalista y sin retirarnos al cultivo exclusivo de nuestra preocupación personal por sobrevivir. En la comunidad cristiana podemos reconocer la condición de nuestra sociedad hasta sus últimas consecuencias sin ser presas del pánico.

Esto quedó suficientemente ilustrado en el caso de Joe Marino, un estudiante norteamericano de teología que viajó a Calcuta para hacer la experiencia de vivir y trabajar entre los pobres. Los Hermanos Misioneros de la Caridad lo hospedaron. Allí, rodeados de una miseria humana indescriptible, descubrió el poder mediador de la comunidad. Escribe en su diario:

"Una noche tuve una conversación prolongada con el hermano Jesulao. Me contó que si un hermano es incapaz de trabajar con sus compañeros y vivir con ellos en forma pacífica, siempre se le pide que se retire... incluso si es un maravilloso trabajador entre los pobres... Dos noches después di un paseo con el hermano Willy y me dijo que la vida con sus compañeros religiosos era su prioridad. Siempre siente el desafío de amar a sus hermanos. Me dijo que, si no pudiera amar a los hermanos con quienes vive, no creería en su amor por los de la calle."9

En la comunidad cristiana nos reunimos en nombre de Cristo y de esta forma lo experimentamos a Él en medio de un mundo sufriente. Allí, nuestras mentes viejas y débiles, que son incapaces de percibir en toda su plenitud los dolores del mundo, se transforman en mente de Cristo, al que nada humano le resulta ajeno. En comunidad, ya no somos una masa de individuos capaces de ayudar, sino que nos convertimos en pueblo de Dios. En comunidad, nuestros miedos y nuestra rabia son transformados por el amor incondicional de Dios y nos vamos convirtiendo en gentiles manifestaciones de su compasión sin límites. En comunidad, nuestras vidas se transforman en vidas compasivas, porque por el modo como vivimos y trabajamos juntos la compasión de Dios se hace presente en medio de un mundo quebrantado.

Aquí se autorrevela el sentido más profundo de la vida compasiva. Por nuestra vida compartida , nos convertimos en partícipes de la compasión divina. Por esa participación, podemos asumir el yugo y la carga de Cristo —todo dolor humano en todo tiempo y lugar— mientras constatamos que su yugo es suave y su carga ligera (cf. Mt 11, 30).

Mientras confiemos en nuestros propios recursos limitados, el mundo nos asustará e intentaremos evitar las situaciones dolorosas. Pero una vez que nos hemos convertido en partícipes de la compasión divina, podemos entrar a fondo en los más recónditos lugares del mundo y hacer lo mismo que Cristo hizo, ¡e incluso más que Él! (cf. Jn 14, 12).

Dondequiera que se forma una comunidad verdaderamente cristiana se da la compasión en el mundo. La energía que irradiaba de las comunidades cristianas primitivas era en realidad energía divina que transformó a todos los que tocó. Esta misma energía sigue haciendo acto de presencia en cualquier lugar en que se reúnen varias personas en nombre de Cristo y toman su yugo con humildad y mansedumbre de corazón (cf. Mt 11, 29). Esto no es sólo cierto en el caso de Benito y Escolástica y de sus seguidores, o de Francisco y Clara y sus hermanos y hermanas, sino en cualquier caso en el que los hombres y las mujeres superan su viejo modo ansioso de pensar y se encuentran con la mentalidad de Cristo.

Por ser en la comunidad donde se autorrevela la compasión de Dios, la solidaridad, la servidumbre y la obediencia resultan ser también las principales características de nuestra vida compartida. Difícilmente la solidaridad podrá ser un logro individual. Nos resulta difícil entrar en los dolores y sufrimientos de nuestros semejantes yendo hacia ellos como meros individuos. Pero en la comunidad reunida en nombre de Cristo hay un espacio ilimitado en el que pueden entrar personas extrañas provenientes de los más variados lugares y con las historias más dispares, pudiendo experimentar allí la presencia compasiva de Dios. Es un gran misterio el que la compasión llegue a ser tangible para la gente no simplemente por las realizaciones de una hospitalidad individual sino por una atmósfera intangible que emana de una vida común. Ciertas parroquias, grupos de oración, familias, casas, hogares, conventos o monasterios tienen una influencia curativa, capaz de hacer que tanto sus miembros como sus huéspedes se sientan comprendidos, aceptados, queridos y amados. La bondad de los individuos parece a menudo más una manifestación de este ambiente curativo que la causa de él.

La servidumbre es también una cualidad de la comunidad. Nuestra capacidad individual de servicio es bastante limitada. Puede ser que podamos ayudar a algunas personas por un tiempo, pero responder a todas las personas siempre como siervos no es una aspiración humana realista. Sin embargo, tan pronto como hablamos en términos de nosotros, cambia el panorama. Como comunidad, podemos superar nuestras limitaciones individuales y convertirnos en una realización concreta del estilo autoanonadado de Cristo. Esta realización compartida puede entonces encontrar una expresión específica en el trabajo diario de cada uno de los miembros de la comunidad. Algunos trabajan bien con·adolescentes, otros con personas mayores, otros con enfermos.hospitalizados, otros con presos. Individualmente no podemos ser todo para todos, pero como una comunidad podemos verdaderamente atender una gran variedad de necesidades.

Finalmente, hemos de reconocer que la obediencia, como escucha atenta del Padre, es un llamado muy comunitario. Precisamente por medio de la oración y mediación constantes, la comunidad se mantiene vigilante y abierta a las necesidades del mundo. Abandonados a nosotros mismos, fácilmente podemos empezar a idolatrar nuestra forma particular o estilo de ministerio y convertir nuestro servicio en un *hobby* personal. Pero cuando nos reunimos periódicamente a escuchar la palabra de Dios y a celebrar su presencia en medio de nosotros, seguimos prestando atención a su voz que nos guía y nos saca de los lugares confortables hacia territorios desconocidos. Cuando entendemos la obediencia como una característica de la comunidad ante todo, las relaciones entre los diferentes miembros de la comunidad pueden ser mucho más suaves. Caemos en la cuenta, además, de que queremos discernir juntos la voluntad de Dios para nosotros y hacer de nuestro servicio una respuesta a su presencia compasiva en medio de nosotros.

De este modo, la solidaridad de Dios, la servidumbre y la obediencia, que nos han sido reveladas en la vida de Jesucristo, son los rasgos distintivos de la vida compasiva vivida en comunidad. En y a través de la comunidad pueden convertirse lentamente en verdadera parte integral de nuestras vidas individuales.

UN SENTIDO DE PERTENENCIA

Surgen ahora las preguntas: ¿Cómo podemos construir una comunidad? ¿Qué hemos de hacer para que surja una comunidad? Pero tal vez semejantes preguntas brotan de un corazón ansioso y resultan menos prácticas y provechosas de lo que parecen. Sería mejor plantear esta pregunta más contemplativa: ¿Dónde vemos que se da comunidad? Cuando hayamos llegado a ser sensibles a la realidad de la comunidad en medio de nosotros, puede ser que nos resulte más fácil descubrir el punto de partida más apropiado para su crecimiento y desarrollo. Es más sensato sembrar simiente en una tierra en la que hemos visto crecer algo ya con anterioridad, que estar dando vueltas preocupándonos sobre cómo hacer fértil la tierra.

Aquí puede venirnos bien un ejemplo tomado de la vida del monje trapense Thomas Merton. Este hombre, uno de los críticos sociales más influyentes de los años sesenta, leía muy poco los periódicos y nunca miró televisión o escuchó radio. Sin embargo, su respuesta a las necesidades del mundo fue compasiva. Merton pudo escuchar atentamente los acontecimientos de su tiempo y discernir en su soledad el modo de aportar un servicio obediente a sus semejantes. Lo que importa constatar en ese caso es que el conocimiento de Merton sobre el sufrimiento del mundo no provino de los medios de comunicación social sino de cartas escritas por amigos suyos, para quienes los acontecimientos concretos tenían una significación personal. A estos amigos era posible darles una respuesta.

Cuando la información sobre el sufrimiento humano nos llega por medio de una persona a la que podemos abrazar, queda humanizado. Las cartas redimensionan la vida a escala humana. En el caso de Merton, las cartas venían de todo el mundo y de los más variados grupos de personas. Provenían de monasterios y conventos de varios continentes, de gente joven que se planteaba qué hacer con sus vidas, de novelistas como James Baldwin y Evelyn Waugh, de eruditos como Jacques Maritain y Jean Leclercq, de poetas y profetas, de gente religiosa, no religiosa y antirreligiosa, de cardenales y obispos, de cristianos y budistas, y de mucha, mucha gente pobre, cuyos nombres jamás serán conocidos. En esas cartas, Merton vio el mundo con sus dolores y alegrías. Entró en una comunidad real de personas vivas, con caras reales, lágrimas verdaderas y sonrisas auténticas.

De vez en cuando, Merton invitaba a alguno de sus amigos a la Abadía y oraban juntos, hablaban sobre el dolor del mundo y buscaban darse mutuamente nueva esperanza y nuevo valor. Estos pequeños retiros probaron ser altamente significativos para quienes vivían tan activa y, a veces, peligrosamente.

Supuso una gran ayuda mutua. Muchos que hoy día son famosos por su coraje y perseverancia encontraron su inspiración en estas experiencias de comunidad.

Esto es sólo un ejemplo para ilustrar la importancia de la comunidad en la vida compasiva. Las cartas y los retiros son modos de vivir en comunidad, pero hay muchos otros. Es importante no identificar la vida en comunidad con vivir juntos en una casa, o en el compartir la comida y las oraciones, o con planificar juntos. Todo esto puede ser muy bien una auténtica expresión de comunidad, pero la comunidad es una realidad más profunda. Quienes viven juntos no necesariamente viven en comunidad, y quienes viven solos no necesariamente carecen de ella. La cercanía física o la distancia son algo secundario. La cualidad primaria de la comunidad es un profundo sentido de haber sido reunidos por Dios. Mientras Francisco Javier viajaba solo por varios continentes para predicar el Evangelio, encontraba fuerza en la certeza de que pertenecía a una comunidad que lo sostenía con la oración y la solicitud fraterna. Y muchos cristianos que muestran gran perseverancia en tareas difíciles y aisladas encuentran su fortaleza en el lazo profundo con la comunidad en cuyo nombre trabajan.

Tocamos aquí uno de los puntos más críticos de la vida cristiana actual. Muchos cristianos verdaderamente generosos se sienten cada vez más cansados y desanimados, no tanto porque el trabajo sea duro y el éxito escaso, sino porque se sienten aislados, sin apoyo y abandonados. Quienes dicen: "Me pregunto si alguien se interesa por lo que estoy haciendo. Me pregunto si mi superior, mis amigos en mi propia casa o quienes me mandaron piensan alguna vez en mí, rezan alguna vez por mí o me consideran parte de sus vidas", están en verdadero peligro espiritual. Somos capaces de hacer muchas cosas difíciles, de tolerar muchos conflictos, superar muchos obstáculos y aguantar presiones, pero cuando dejamos de sentirnos parte de una comunidad que nos cuida, sostiene y ora por nosotros, poco a poco perdemos la fe. Por eso la fe en la presencia compasiva de Dios no puede ser nunca separada de la experiencia de la presencia de Dios en la comunidad a la que pertenecemos. Las crisis que se dan en la actualidad en las vidas de tantos cristianos solícitos están muy relacionadas con sentimientos profundos de no pertenencia. Careciendo del sentimiento de ser enviado por una comunidad solícita, la vida compasiva no puede durar y poco a poco degenera en una vida signada por el aturdimiento y la rabia. No se trata de una mera observación de tipo psicológico, sino de una verdad teológica pues, al margen de la relación vital con una comunidad solícita, resulta imposible la relación vital con Cristo.

Ahora hemos de mirar más cuidadosamente las dinámicas de la vida comunitaria. Lo haremos hablando sobre los dos polos de una vida comunitaria madura en la que la compasión de Dios se hace visible: el desplazamiento y la unión.

V
Desplazamiento

DEJAR EL LUGAR ORDINARIO Y APROPIADO

La palabra *comunidad* expresa generalmente un cierto estilo de vivir y trabajar juntos, sosteniéndose y alentándose. Cuando alguien dice: "Echo de menos aquí un sentido de comunidad; habría que hacer algo para edificar una mejor comunidad", ella o él está probablemente sufriendo de alienación, soledad o falta de mutuo apoyo y colaboración. El deseo de comunidad es, lo más a menudo, un deseo de sentir la unidad, la sensación de ser aceptado y una experiencia de sentirse en casa. No es, pues, de extrañar que para algunos de los observadores críticos de la escena contemporánea la palabra comunidad vaya asociada con sentimentalismo, romanticismo e incluso melancolía.

Si queremos reflexionar sobre la comunidad en el contexto de la compasión, es preciso que superemos estas asociaciones espontáneas. La comunidad no podrá ser nunca el lugar en el que la servidumbre obediente de Dios se autorrevela, si por comunidad entendemos principalmente algo cálido, blando, hogareño, confortable o protector. Cuando integramos la comunidad ante todo para curar nuestras heridas personales, la comunidad no puede llegar a ser el lugar en el que nosotros entremos efectivamente en solidaridad con los dolores de la gente.

La paradoja de la comunidad cristiana radica en que sus componentes están reunidos en común en voluntario desplazamiento. La unión de quienes integran esta comunidad cristiana consiste en un estar-juntos-en-desplazamiento. Desplazarse significa trasladarse de un lugar a otro, dejar el lugar ordinario y apropiado. Esta definición resulta muy elocuente cuando nos percatamos de lo mucho que nos preocupamos por adaptarnos a las normas y valores vigentes en nuestro medio. Queremos ser personas ordinarias y apropiadas que viven vidas ordinarias y apropiadas. Gravita sobre nosotros una enorme presión para que hagamos lo que resulta ordinario y apropiado —hasta el intento de sobresalir es ordinario y apropiado— y de ese modo experimentar la satisfacción de la aceptación general. Esto resulta bastante comprensible, pues el comportamiento ordinario y apropiado que conforma una vida ordinaria y apropiada nos proporciona la confortable ilusión de que las cosas están bajo control y de que todo lo extraordinario e inapropiado puede ser mantenido más allá de las murallas de la fortaleza que nosotros mismos nos hemos creado.

El llamado a la comunidad, tal como lo escuchamos de nuestro Señor, es un llamado a alejarnos de los lugares ordinarios y apropiados. Deja a tu padre y a tu madre. Deja que los muertos entierren a sus muertos. Pon tu mano en el arado y no mires atrás. Vende lo que tienes, da el dinero a los pobres y sígueme (cf. Lc 14, 26; 9, 60. 62; 18, 22). Los Evangelios nos enfrentan con esta voz persistente que nos invita a alejarnos de donde resulta confortable estar, de donde queremos estar, de donde nos sentimos en casa.

¿Por qué es esto tan central? Lo es porque en desplazamiento voluntario desechamos la ilusión de la "plenitud en unidad" y comenzamos más bien a experimentar nuestra verdadera condición, a saber, que nosotros, como todos los demás, somos peregrinos en camino, pecadores necesitados de gracia. Por medio del desplazamiento voluntario contrarrestamos la tendencia a quedarnos estancados en una falsa comodidad y a olvidar la condición fundamentalmente inestable que compartimos con todos. El desplazamiento voluntario nos lleva a reconocer existencialmente nuestro quebrantamiento interior y nos proporciona una más profunda solidaridad con el quebrantamiento de nuestros semejantes. La comunidad, como lugar de compasión, requiere siempre, pues, desplazamiento. La palabra griega que significa iglesia, *ekklesía* —de *ek*, "fuera" y *kaleo*, "llamar"— indica que, como comunidad cristiana, somos personas que hemos sido llamadas todas juntas fuera de nuestros lugares familiares hacia territorios desconocidos, fuera de nuestros lugares ordinarios y apropiados hacia otros lugares en los que la gente sufre y en los que podamos experimentar con ellas nuestra común fragilidad humana y nuestra necesidad de curación, compartida con ellas.

La comunidad se forma, se profundiza y se robustece en el desplazamiento voluntario. En el desplazamiento voluntario nos descubrimos unos a otros como miembros de una misma familia humana, con la que podemos compartir nuestros gozos y nuestros pesares. Cada vez que queremos regresar a lo que nos resulta ordinario y apropiado, cada vez que anhelamos establecernos y sentirnos en casa, erigimos muros entre nosotros y los demás, socavamos la comunidad y reducimos la compasión a ser el lado blando de una vida esencialmente competitiva.

SEGUIR AL SEÑOR DESPLAZADO

El desplazamiento voluntario, como estilo de vida, lejos de ser algo excepcional, es el rasgo característico del discipulado. El Señor, cuya compasión queremos manifestar en el tiempo y en el espacio, es realmente el Señor desplazado. Pablo describe a Jesús como Aquel que se desplazó voluntariamente a sí mismo: "El cual, siendo de condición divina, no retuvo ávidamente el ser igual a Dios, sino que se despojó de sí mismo tomando condición de siervo haciéndose semejante a los hombres" (Flp 2, 6-7). Sería inimaginable un desplazamiento mayor. El misterio de la encarnación radica en que Dios no permaneció en el lugar que resultaba apropiado para Él, sino que se corrió al del ser humano sufriente. Dios *abandonó* su lugar celestial y tomó un lugar humilde en medio de los hombres y mujeres mortales. Dios se desplazó a sí mismo de tal modo, que nada humano le resultó ajeno y pudo experimentar de lleno el quebrantamiento de nuestra condición humana.

En la vida de Jesús vemos cómo este desplazamiento divino se visibiliza en una historia humana. Cuando niño, Jesús es trasladado a Egipto para protegerlo de las amenazas del rey Herodes. De muchacho, abandona a sus padres y se queda en el Templo a escuchar a los doctores y a hacerles preguntas. De adulto, se va al desierto durante cuarenta días a ayunar y a ser tentado por el Demonio. Durante los años del ministerio que siguieron, Jesús se alejó constantemente del poder, del éxito y de la popularidad para poder mantenerse fiel a su llamado divino. Cuando la gente se mostró entusiasmada con sus poderes creativos, Él los enfrentó en sus pecados y no dudó en suscitar su enojo. Cuando quedaron tan impresionados por su poder de proporcionarles el pan que querían hacerlo su rey, Él se alejó y los desafió a trabajar por el alimento que da vida eterna. Cuando sus discípulos solicitaron un lugar especial en su Reino, Él les preguntó si podrían beber el cáliz del sufrimiento; y cuando esperaban una rápida victoria, Él les hablaba de dolor y de muerte.

Finalmente, estos desplazamientos lo llevan a la cruz. Allí, rechazado por todos y sintiéndose abandonado por Dios, Jesús llega a ser el ser humano más desplazado. De este modo, el desplazamiento de Jesús, que comenzó con su nacimiento en Belén, encuentra su plena expresión en su muerte de cruz fuera de las murallas de Jerusalén. Pablo tematiza este misterio diciendo: "Apareció en su porte como hombre; y se humilló a sí mismo, obedeciendo hasta la muerte y una muerte de cruz" (Flp 2, 7-8).

Jesucristo es el Señor desplazado en quien la compasión se hace carne. En Él, contemplamos una vida de desplazamiento vivida en plenitud. Siguiendo a nuestro Señor desplazado, se forma la comunidad cristiana.

DESAPARECER COMO OBJETO DE INTERÉS

Hemos de ver ahora con más profundidad cómo el desplazamiento se convierte en un camino hacia la comunidad compasiva. A primera vista, el desplazamiento parece destructor. Muchas personas que han vivido desplazamientos duros y crueles pueden declarar cómo el desplazamiento desestabilizó su vida familiar, destrozó su sentimiento de seguridad, generó mucha cólera y resentimiento, y las dejó con el sentimiento de que sus vidas habían sido irremediablemente dañadas. La gente desplazada no es, pues, necesariamente compasiva. Muchos se han vuelto miedosos, suspicaces y proclives a quejarse. En un mundo con millones de personas desplazadas, debemos tener cuidado de no hacer del desplazamiento algo romántico o una receta fácil para quienes pretenden llevar una vida compasiva.

Pero también debemos decir que, en un mundo con tantos desplazamientos violentos y crueles, el llamado de Jesús al desplazamiento voluntario suena muy contemporáneo. Obviamente no se trata de un llamado al comportamiento destructivo, sino de un llamado a la solidaridad con los millones de personas que viven destruidas.

La paradoja del desplazamiento voluntario radica en que, mientras parece separarnos del mundo —de padre, madre, hermanos, hermanas, familia y amigos—, de hecho nos posibilita una unión más profunda con él. El desplazamiento voluntario nos lleva a un estilo de vida compasivo precisamente porque nos traslada de posiciones de distinción a posiciones de igualdad, de permanecer en lugares especiales a estar en todas partes. Este movimiento es bien descrito por Thomas Merton. Después de veinte años de vida trapense, escribe en el prefacio a la edición japonesa de *La montaña de los siete círculos*: "Mi monasterio... es un lugar en el que desaparezco del mundo como objeto de interés para estar en todo él por la ocultación y la compasión."[10] Desaparecer del mundo como objeto de interés para estar en todo él por la ocultación y la compasión es el movimiento básico de la vida cristiana. Es el movimiento que lleva tanto a la comunidad como a la compasión. Nos lleva a ver con otros lo que antes no podíamos ver, a sentir con otros lo que antes no podíamos sentir, a escuchar con otros lo que antes no podíamos escuchar.

Lo que esto implica para cada uno de nosotros individualmente varía de acuerdo con los ambientes específicos en que vivimos y nuestras comprensiones concretas del llamado que Dios nos dirige. El hecho de que para Thomas Merton el desplazamiento voluntario supuso el abandono de su condición de docente para ingresar en un monasterio trapense resulta secundario. Para Martín Lutero significó abandonar el monasterio y hablar contra las prácticas clericales escandalosas; para Dietrich Bonhoeffer significó regresar de los Estados Unidos a Alemania y convertirse en prisionero de los nazis; para Simone Weil significó salir de su clase media y trabajar en fábricas como una trabajadora común; para Martin Luther King significó dejar su lugar "ordinario y apropiado" como negro y liderar marchas de protesta. Pero para mucha gente no significó un movimiento físico, sino una actitud nueva respecto de sus desplazamientos de hecho y una perseverancia fiel en sus vidas nada espectaculares.

Ninguno de esos hombres y mujeres, hayan sido famosos o no, deseó abandonar el mundo. No quisieron rehuir sus responsabilidades. No quisieron cerrar los ojos a los grandes dolores y problemas de su tiempo. No quisieron retrotraerse al pietismo o a la introspección egocéntrica. Su única meta consistía en desaparecer como objeto de interés —objeto de competencia y rivalidad, objeto que puede ser comprado y vendido, usado o desperdiciado, medido, comparado, evaluado y pesado— y de este modo convertirse en verdaderos miembros de la familia humana, precisamente por su ocultación y compasión. Mientras tenemos en la vida como asunto primordial el resultar interesantes, de modo que merezcamos un trato especial, la compasión no puede hacer acto de presencia. Por eso, el movimiento hacia la compasión comienza siempre como un distanciamiento del mundo, que quiere hacernos objeto de interés.

Vale la pena subrayar el gran papel que el desplazamiento voluntario ha jugado en la historia del cristianismo. Benito fue al Subiaco, Francisco a las Carceri, Ignacio a Manresa, Charles de Foucauld al Sahara, John Wesley a los distritos pobres de Inglaterra, la Madre Teresa de Calcuta y Dorothy Day a Bowery. Con sus seguidores, ellos salieron de los lugares ordinarios y apropiados y fueron a los lugares en que podían experimentar y expresar su solidaridad compasiva con aquellos en quienes el quebrantamiento de la condición humana resultaba más visible. En realidad, podemos decir que el desplazamiento voluntario está en el origen de todas las grandes reformas religiosas.

SAN FRANCISCO DE ASÍS

El más inspirador y desafiante ejemplo de desplazamiento es san Francisco de Asís. En 1209, este hijo de un próspero comerciante arrancó los vestidos de su cuerpo y se alejó de su familia y amigos para llevar una vida abyecta de pobreza. Saliendo desnudo de una ciudad fortificada con su poder y seguridad y viviendo en cuevas y al aire libre, Francisco llamó la atención sobre la pobreza básica de la humanidad. No sólo reveló su propia desnudez, sino también la desnudez de todos en presencia de Dios. Desde su posición desplazada, Francisco pudo llevar una vida compasiva; ya no quedó cegado por las diferencias aparentes entre las personas y pudo reconocer a todos como hermanos y hermanas necesitados de la gracia de Dios tanto como él mismo. G. K. Chesterton escribe:

"Esto fue lo que le confirió un poder personal extraordinario: que del Papa al mendigo, del sultán de Siria en su dosel a los ladrones andrajosos que salían de los bosques, nunca hubo nadie que mirara aquellos ardientes ojos morenos sin abrigar la certeza de que Francisc o Bernardone estaba realmente interesado en él, en su vida interior como individuo desde la cuna hasta la tumba; que estaba siendo valorado y tomado en serio como tal persona y no meramente añadido a los beneficiarios de alguna política social o a los nombres que habrán de constar en algún documento eclesiástico... Trató a las multitudes de gente común como si fueran multitudes de reyes."[11]

En el pequeño grupo de hermanos que siguieron a Francisco se vivió una vida compasiva. Estos hombres, que no tenían otra cosa que compartir sino su pobreza y que se hicieron totalmente dependientes de la gracia de Dios, formaron una genuina camaradería de los débiles, en la que podían vivir juntos en compasión y extender su compasión a todos cuantos encontraban en su camino. Su vida comunitaria de pobreza los preparó para la compasión sin límites. Chersterton escribe que el argumento de Francisco en favor de la pobreza era "que el hombre consagrado puede ir a cualquier parte mezclándose con toda suerte de hombres, incluso los peores, siempre que no tenga nada por lo que ellos puedan atraparlo. Si tiene apegos o necesidades de hombre común, se convertirá en un hombre común".[12]

San Francisco nos ofrece un ejemplo impresionante del desplazamiento que conduce a la comunidad y a la compasión. Alejándose de sus "lugares ordinarios y apropiados", san Francisco y sus seguidores pusieron de relieve la unidad de la raza humana. Esto lo hicieron no sólo por el modo como vivieron juntos, sino también por el modo como crearon el espacio para otros en su vida común.

La historia de la fraternidad franciscana, por lo demás, demuestra también que, tan pronto como el éxito y la riquece se ducen a la gente, ésta regresa a sus lugares ordinarios y apropiados, y se hacen difíciles tanto la comunidad como la compasión. Esto fue verdad no sólo en el caso de los franciscanos, sino también en el de muchos otros religiosos. Es, pues, comprensible que la historia del cristianismo esté llena de reformadores que se desplazan constantemente a sí mismos para recordarnos nuestra gran vocación a una vida compasiva.

Si de verdad queremos ser personas compasivas, es urgente que apelemos a esta gran tradición de desplazamiento. Mientras nuestras casas, parroquias, conventos y monasterios no sean otra cosa que lugares ordinarios y apropiados, sólo suscitarán respuestas ordinarias y apropiadas, y no pasará nada. Mientras las personas religiosas estén bien vestidas, bien alimentadas, bien cuidadas, las declaraciones sobre la solidaridad con los pobres no pasarán de ser palabras piadosas más aptas para suscitar buenos sentimientos que actividades creativas. Mientras sólo hagamos bien lo que otros hacen mejor y más eficientemente, difícilmente podemos esperar ser considerados la sal de la Tierra o la luz del mundo. En una palabra, mientras eludamos el desplazamiento, careceremos de vida compasiva, que es a lo que el Señor nos llama.

Quienes, como San Francisco, han seguido fielmente al Señor, nos han enseñado que desapareciendo del mundo como objetos de interés podemos estar en todo él por el ocultamiento y la compasión. Vivir en el mundo como objetos de interés nos enajena de él. Vivir en el mundo por la ocultación y la compasión nos une a él, porque nos permite descubrir al mundo en el centro de nuestro ser. No es difícil advertir que quienes están muy metidos en el mundo permanecen muy frecuentemente al margen de sus luchas y dolores más profundos, mientras que quienes viven en soledad y en comunidad tienen a menudo un gran conocimiento de los acontecimientos significativos de su tiempo y una gran sensibilidad hacia las personas que los padecen.

De este modo, el desplazamiento hace posible *estar en* el

mundo sin *ser del* mundo. Jesús oró por ello la víspera de su muerte: "Padre... no te pido que los retires del mundo, sino que los guardes del Maligno... Como tú me has enviado al mundo, yo también los he enviado al mundo" (Jn 17, 15, 18).

ALGO QUE RECONOCER

No confundamos la idea de desplazamiento voluntario con la invitación a una acción drástica. Podríamos pensar que para convertirnos en personas compasivas tenemos que despedirnos ostensiblemente de nuestras familias, amigos, casas y trabajos. Semejante interpretación del llamado al desplazamiento está más en el espíritu de los pioneros americanos que en el de los discípulos de Cristo. Lo que por sobre todo debemos entender es que el desplazamiento voluntario sólo puede ser una expresión de discipulado cuando es una respuesta al llamado o, lo que es lo mismo, cuando es un acto de obediencia.

Los cristianos cuyas vidas se han visto marcadas por formas impresionantes de desplazamiento explican sus movimientos no como proyectos emprendidos por propia iniciativa con objetivos y metas bien precisas, sino como respuestas a una invitación divina que normalmente requiere un largo período para ser escuchada y comprendida. El gesto dramático de san Francisco desnudándose y devolviendo sus vestidos a su padre puede ser visto como un acto de discipulado tan sólo porque constituyó el punto culminante de varios años de lucha íntima por descubrir la voluntad de Dios. Sólo de a poco, tras sueños, visiones y años de oración y contemplación, fue consciente Francisco de que Dios lo estaba llamando a una vida de pobreza total. La Madre Teresa cuenta un relato parecido. Ella no dejó su comunidad para trabajar con los moribundos en Calcuta simplemente porque consideró que esto era una buena idea o un trabajo necesario, sino porque escuchó a Dios que la llamaba y encontró confirmada este llamado por aquellos a quienes pidió consejo y dirección. Quienes practican el desplazamiento voluntario como un método o una técnica para formar nueva comunidad, en orden a poder ser compasivos, pronto se encontrarán a sí mismos enredados en la complejidad de sus propias motivaciones y envueltos en muchos conflictos y mucha confusión.

Es ésta una consideración importante, máxime en un tiempo en el que están siendo propaladas tantas formas de autopretendida "santidad". Hasta el deseo de ser una persona santa ha quedado sujeto a formas de comportamiento ascético que resultan falsas y a menudo destructivas, lo cual revela más sobre nuestras necesidades que sobre el llamado de Dios. Los santos y los cristianos "fuera de serie" no deberían ser vistos nunca, por tanto, como personas cuya conducta concreta hubiera de ser imitada. Por el contrario, debemos ver en ellos recuerdos vivos de que Dios llama a cada persona de manera única y nos pide a cada uno que estemos atentos a su voz en nuestras vidas únicas.

¿Qué significa esto para nosotros en términos de desplazamiento voluntario? Si el desplazamiento voluntario es un tema tan importante en la vida de Cristo y de sus seguidores, ¿no debemos empezar por desplazarnos a nosotros mismos? Probablemente, no. Al contrario, debemos comenzar por identificar en nuestras propias vidas dónde está ocurriendo ya el desplazamiento. Puede que estemos soñando en grandes realizaciones de desplazamiento mientras somos deficientes en percibir en los desplazamientos de nuestra propia vida las primeras indicaciones de la presencia de Dios.

No tenemos que mirar muy de lejos ni en el tiempo ni en el espacio para descubrir los desplazamientos en nuestra vida. La mayoría de nosotros ha experimentado desplazamientos físicos dolorosos. Nos hemos trasladado de un país a otro, del oeste al este, del norte al sur, de un pueblo pequeño a una ciudad grande, de una escuela secundaria pequeña e íntima a una universidad grande e impersonal, de un ambiente de trabajo sin tensiones a un puesto competitivo; en resumen, de ambientes familiares a otros muy extraños. Más allá de estos desplazamientos físicos, nuestras vidas pueden estar marcadas por desplazamientos interiores más profundos. Con el paso del tiempo, las imágenes e ideas que nos resultaban familiares quedan desplazadas. Modos de pensar que durante años nos habían ayudado a comprender nuestro mundo caen bajo la crítica y son declarados anticuados o conservadores. Rituales y costumbres que jugaron papeles centrales en los años de nuestro crecimiento y desarrollo dejan de repente de ser apreciados por nuestros niños o vecinos. Tradiciones familiares y celebraciones eclesiales que nos han proporcionado los recuerdos más preciosos son abandonadas de pronto e incluso ridiculizadas como algo sentimental, mágico y supersticioso. Estos desplazamientos interiores a nivel mental y emocional, y no tanto los desplazamientos físicos, son los que nos amenazan y nos dan la sensación de haber sido abandonados y dejados solos.

En nuestra sociedad moderna, con su creciente movilidad y pluriformidad, nos hemos convertido en sujetos y a menudo víctimas de tantos desplazamientos, que resulta muy difícil mantener un sentido de enraizamiento, y nos vemos constantemente tentados de volvernos amargados y resentidos. Nuestra primera tarea, y a menudo la más difícil, consiste en permitir que estos desplazamientos se transformen en lugares en los que podamos escuchar el llamado de Dios. Frecuentemente parece más fácil iniciar un desplazamiento que nosotros mismos podamos controlar que aceptar libremente y afirmar un desplazamiento que escapa totalmente a nuestro control. La pregunta clave es: "¿Cómo puedo comprender y experimentar las acciones solícitas de Dios en la situación concreta en que me encuentro?" Esa pregunta resulta difícil, porque requiere mirar con detenimiento los hechos y experiencias del momento, que con frecuencia son dolorosos. "¿Dónde se me ha pedido ya que deje a mi padre y a mi madre?; ¿dónde he sido invitado a dejar que los muertos entierren a sus muertos?, ¿dónde me encuentro ya desafiado a mantener mi mano en el arado sin mirar hacia atrás?" Dios está siempre activo en nuestras vidas. Siempre llama, siempre nos pide que tomemos nuestras cruces y lo sigamos. Pero ¿vemos, sentimos y reconocemos la voluntad de Dios, o seguimos esperando el momento ilusorio en que esto ocurrirá realmente?

El desplazamiento no es principalmente algo que hacer o lograr, sino algo que reconocer. En este reconocimiento y a través de él puede darse una conversión, una conversión desde el desplazamiento involuntario que lleva al resentimiento, la amargura, la resignación y la apatía, al desplazamiento voluntario que puede transformarse en una expresión del discipulado. No tenemos que buscar cruces, pero tenemos que llevar las cruces que siempre han sido nuestras. Seguir a Jesús significa entonces, primariamente y ante todo, descubrir en nuestras vidas cotidianas la vocación única de Dios para nosotros.

A través del reconocimiento de nuestro desplazamiento y de la voluntad de escuchar en él los primeros susurros de la voz de Dios, comenzamos a formar una comunidad y a vivir una vida compasiva. Una vez que comenzamos a experimentar nuestros desplazamientos reales a nivel físico, mental y emocional como formas de discipulado, y los vamos aceptando en obediencia, vamos dejando de ser personas a la defensiva y necesitamos ocultar menos nuestros dolores y frustraciones. Entonces, lo que parecía un motivo de vergüenza y confusión se convierte, por el contrario, en la base de la comunidad, y lo que parecía separarnos de los demás se transforma en la base de la compasión.

NADA DE CIUDADANOS COMUNES

Decir que nuestra principal tarea consiste en discernir el llamado de Dios en los desplazamientos reales de nuestras vidas no implica adoptar una actitud de resignación pasiva respecto a situaciones tristes, penosas o injustas. Por el contrario, implica que hemos de mirar con cuidado nuestras situaciones para distinguir entre las fuerzas constructivas y las destructivas y descubrir dónde nos está llamando Dios. La atención cuidadosa a las actuaciones de Dios en nuestras vidas nos lleva, pues, a aumentar incluso la sensibilidad a su llamado. Cuando más capaces somos de discernir la voz de Dios en medio de nuestra vida diaria, más capaces seremos de escucharlo cuando nos llame a formas más drásticas de desplazamiento.

Algunos de nosotros estamos realmente llamados a abandonar nuestras ciudades y vivir en cuevas; otros somos llamados de verdad a vender lo que tenemos, a darlo a los pobres y seguir a Cristo en pobreza total; otros somos llamados realmente a alejarnos de nuestros ambientes más familiares y vivir con los enfermos y moribundos; algunos están verdaderamente llamados a sumarse a comunidades de resistencia pacífica, a protestar con fuerza contra las plagas sociales, a compartir la miseria de los prisioneros, el aislamiento de los leprosos o la agonía de los oprimidos; algunos están llamados incluso a sufrir tortura y muerte violenta. Pero ninguno de ellos estará capacitado para escuchar estos tan benditos llamados si no ha reconocido los pequeños llamados escondidos en el horario de un día normal. No todo el mundo es llamado al estilo de san Francisco, Madre Teresa, Martin Luther King, César Chavez, Dorothy Day, Jean Vanier, el arzobispo Romero y don Helder Cámara. Pero todos han de vivir con la convicción de que la actuación de Dios en su vida (de él o de ella) se da de un modo igualmente único. Nadie habrá de pensar nunca que él o ella es nada más que un "ciudadano común" en el Reino de Dios. Tan pronto como comenzamos a tomarnos en serio a nosotros mismos y a Dios, y le permitimos entrar en diálogo con nosotros, descubrimos que también a nosotros se nos pide que dejemos padres, madres, hermanos y hermanas y sigamos al Señor crucificado en obediencia. A veces descubriremos que se nos pide que sigamos a nuestro Señor a lugares a los que preferiríamos no ir. Pero cuando hayamos aprendido a verlo en los pequeños desplazamientos de nuestras vidas cotidianas, los grandes llamados no nos parecerán tan grandes, después de todo. Encontraremos entonces el coraje de seguirlo y quedaremos sorprendidos ante la libertad con que lo haremos.

De este modo, el desplazamiento voluntario es parte de la vida de todo cristiano. Nos saca de los lugares ordinarios y apropiados, conste ello a los demás o no; nos lleva a reconocer a cada uno de los otros como compañeros de viaje en el camino, y así crea comunidad. Finalmente, el desplazamiento voluntario lleva a la compasión; llevándonos a constatar más de cerca nuestro propio quebrantamiento, abre nuestros ojos para que veamos a nuestros semejantes, que buscan nuestro consuelo y alivio.

VI
Unión

EL MILAGRO DE CAMINAR SOBRE EL SUELO

La comunidad cristiana se reúne en desplazamiento y, al hacerlo, descubre y proclama otro modo nuevo de estar juntos. Hay muchos motivos por los que se reúne la gente. Frecuentemente lo hace para defenderse contra peligros comunes o para proteger valores comunes. Se reúne también para compartir gustos y disgustos. Tanto el odio como el miedo pueden crear unión. Después de la resurrección de Cristo, los discípulos estaban reunidos en una sala cerrada "por temor a los judíos" (Jn 20, 19), y los jefes, ancianos y estribas estaban reunidos en Jerusalén por su enemistad compartida contra Pedro y los que lo seguían (cf. Hch 4, 5).

La unión de la comunidad cristiana, sin embargo, no es producto de la rabia o la ansiedad compartidas; surge de un profundo sentido de estar llamados a visibilizar juntos la compasión de Dios en lo concreto de la vida diaria. En los Hechos de los Apóstoles se nos proporciona un vislumbre de esta fraternidad: "Todos los creyentes vivían unidos y tenían todo en común... El Señor agregaba cada día a la comunidad (literalmente: su unión) a los que se habían de salvar" (Hch 2, 42-47). La comunidad cristiana no es reunida a empujones, sino congregada por atracción. Al dejar los lugares ordinarios y apropiados y responder a la llamada del Señor a seguirlo, personas con un pasado muy disímil se descubren mutuamente como compañeros de viaje juntamente atraídos en un discipulado compartido.

Es importante darse cuenta de que el desplazamiento voluntario en sí mismo no es ninguna meta; sólo cobra sentido cuando nos une de un modo nuevo. El desplazamiento voluntario, tal como lo presenta el Evangelio, nos lleva a comprendernos unos a otros como mujeres y hombres con necesidades y luchas similares, y a reunirnos con los demás conscientes de nuestra común vulnerabilidad. Por eso ninguna forma de desplazamiento es auténtica si no nos une todavía más. Si nos desplazamos para ser especiales, únicos o fuera de serie, damos muestras simplemente de formas refinadas de competitividad que conducen al elitismo y no a la comunidad. Quienes ingresan en los monasterios o abandonan sus países sólo lo hacen con espíritu evangélico cuando eso los aproxima más a sus semejantes.

Es notable cómo mucha gente sigue pensando todavía de los sacerdotes, monjas, monjes y ermitaños, considerándolos una elite espiritual. Se refiere a ellos como personas que viven en otro mundo, que tienen sus propias prácticas misteriosas, que gozan de una conexión especial con Dios. Lo peligroso de este modo de pensar radica en que divide al pueblo de Dios en cristianos "comunes" y cristianos "especiales", resultando entonces que el desplazamiento voluntario no lleva ya a unir sino a separar. El verdadero desplazamiento, sin embargo, suscita una conciencia nueva y profunda de solidaridad. El criterio para evaluar cualquier forma de desprendimiento, cualquier modalidad de "dejar la casa" es el grado en que revela la tierra común sobre la que estamos de pie juntos.

Esto es bien ilustrado por un acontecimiento ocurrido en un circo en New Haven, Connecticut. Después de muchos números de domadores de leones y de acróbatas, el trapecista Philipe Petit salió a la arena. Este francés ágil y bajito iba a solicitar un tipo de atención un tanto distinta de la que demandaron otros artistas. Su actuación no resultaba tan fascinante como era de esperar. De un modo muy descuidado caminó sobre un alambre de acero tendido entre dos torres pequeñas, en lo que semejaba ser más un baile que una actuación de equilibrista. Gesticulaba como si estuviera conquistando las torres, e hizo reír a la gente con la facilidad de sus saltos. Pero entonces sobrevino algo fuera de lo común, que reveló su verdadero talento. Para finalizar su actuación descendió por un cable tendido entre una de las torres y el suelo de arena. Puesto que eso era extremadamente difícil, todos siguieron sus movimientos con especial atención. Podía verse a personas que se mordían las uñas mientras exclamaban: "¿Cómo es posible? ¿Cómo puede hacerlo?"

Crecían la atención y la tensión a un tiempo y todos tenían los ojos fijos en sus brazos abiertos. ¡Estaban todos tan absortos en su actuación que nadie se dio cuenta de que por cinco segundos Philipe había estado caminando sobre el suelo firme! Sólo después que él mismo miró hacia abajo, al suelo, con rostro perplejo y levantó su mirada hacia arriba, a las tribunas, con ojos radiantes de sorpresa, se rompió la tensión y todo el mundo explotó en un tremendo aplauso. Fue éste, en verdad, un momento artístico genuino, porque Philipe, el artista, fue capaz de lograr que sus espectadores contemplaran con admiración un hecho que cualquiera puede realizar también: ¡caminar por el suelo! El gran talento de este trapecista no consistía tanto en su capacidad de suscitar admiración por una actuación que nadie pudiera imitar, sino en su habilidad para hacernos mirar con asombro algo cuya posibilidad compartimos todos. Por eso, el aplauso que Philipe recibió no fue sólo la expresión de la emoción que había provocado la proeza singular de bailar entre dos torres; fue también una expresión de gratitud por el redescubrimiento del milagro de que podemos caminar juntos con seguridad sobre el suelo.

Este relato ilustra el modo en que el desplazamiento puede crear una nueva unión. Philipe Petit tuvo que caminar por un alambre de acero para hacernos ver lo especial que resulta el que podamos caminar sobre el suelo. El efecto más importante de su diferencia con los demás consistió en revelar un nivel más profundo de igualdad. Si nos quejamos de no ser tan capaces como este artista y sólo sentimos falta de seguridad en nosotros mismos frente a su hazaña, entonces no lo hemos entendido; pero si llegamos a reconocer, a través de su actuación, que somos parte de una misma familia humana, entonces su desplazamiento real constituye un auténtico servicio. Los cristianos que se desplazan yéndose a los monasterios, a países extranjeros o lugares de grandes carencias, no hacen nada de esto para resultar especiales o ser alabados, sino para poner de relieve que lo que nos separa es menos importante que lo que nos une. Y de esta manera el desplazamiento es el modo misterioso como se realiza una unión compasiva.

VER LOS DONES ÚNICOS DE LOS OTROS

Esta unión nueva no competitiva abre nuestros ojos para que veamos mutuamente. Tocamos aquí la hermosura de la comunidad cristiana. Cuando sacrificamos nuestros deseos de ser excepcionales o diferentes, cuando nos desprendemos de nuestras necesidades de tener nuestros nichos especiales en vida, cuando nuestra principal preocupación consiste en ser iguales y vivir esta igualdad en solidaridad, entonces somos capaces de ver los dones únicos de los otros. Unidos en común vulnerabilidad, descubrimos cuánto tenemos para darnos uno al otro. La comunidad cristiana es lo más opuesto a un grupo de personas altamente uniformado cuya conducta haya sido reducida a un común denominador y cuya originalidad haya sido mitigada. Por el contrario, la comunidad cristiana, reunida en discipulado compartido, es el lugar donde los dones individuales pueden ser suscitados y puestos al servicio de todos. Pertenece a la esencia de esta nueva unión el que nuestros talentos únicos ya no constituyan objetos de competencia sino elementos de comunidad, ya no cualidades que dividen sino dones que unen.

Cuando hemos descubierto que nuestro sentido de identidad no depende de nuestras diferencias y que nuestra autoestima hunde sus raíces a un nivel más profundo que el de la alabanza que se puede comprar a base de actuaciones poco comunes, entonces podemos ver nuestros talentos únicos como dones para los demás. Entonces, además, nos daremos cuenta de que compartir nuestros dones no disminuye nuestro valor como personas, sino que lo enriquece. En comunidad, los talentos particulares de cada uno de sus miembros son como pequeñas piedras que forman un mosaico. El hecho de que la piececita dorada, azul o roja sea parte de un mosaico espléndido, no la desvaloriza sino que la valoriza, pues contribuye a formar una imagen mucho mayor que la suya propia. De este modo, el sentimiento predominante entre nosotros puede desplazarse de los celos a la gratitud. Con creciente claridad, podemos ver lo bello en cada uno de los otros y provocarlo, de modo que pase a integrar nuestra vida compartida en su totalidad.

En comunidad pueden ser afirmadas a un tiempo la igualdad y la originalidad. Cuando desenmascaramos la ilusión de que una persona es lo que la hace distinta de las demás, podemos adentrarnos juntos hasta la base de nuestro común quebrantamiento humano y de nuestra común necesidad de curación. Entonces podemos también hacer el maravilloso descubrimiento de que en el suelo que compartimos al caminar juntos se hallan escondidos los talentos que podemos ofrecernos uno al otro. La comunidad, como un modo nuevo de estar juntos, lleva al descubrimiento de los talentos ocultos de los demás y nos permite constatar nuestra propia contribución original a la vida común.

Un antiguo relato sufí sobre un catador de sandías ofrece una ilustración fascinante. Hubo una vez un hombre que se extravió de su propio país y fue a parar a un mundo conocido como la Tierra de los Locos. Al poco tiempo, vio un cierto número de personas que huían aterrorizadas de un terreno en el que habían intentado cosechar trigo. "Hay un monstruo en aquel campo", le dijeron. El miró y vio que se trataba de una sandía. Se ofreció para matar al "monstruo" para ellos. Cuando ya hubo cortado la sandía de la mata, tomó una tajada y se puso a comerla. La gente quedó más aterrorizada por esto que por el hallazgo de la sandía. Lo expulsaron con horcas, diciendo: "Nos matará a nosotros a continuación, si no nos deshacemos de él." Ocurrió, sin embargo, que otra vez se extravió otro hombre en la Tierra de los Locos y comenzó a pasarle también a él lo mismo. Pero en vez de ofrecerse a ayudarlos con el "monstruo", se puso de acuerdo con los Locos en que debía ser peligroso, y alejándose de puntillas con ellos se ganó su confianza. Gastó mucho tiempo con ellos en sus casas, hasta que poco a poco pudo enseñarles los hechos básicos que podrían capacitarlos no sólo para perder el miedo a las sandías, sino incluso para cultivarlas para ellos.[13]

Este hermoso cuento sobre el servicio obediente en solidaridad ilustra bien cómo la unión compasiva no suprime los talentos originales, sino que los provoca para que fructifiquen. Pensamos a menudo que servicio significa dar algo a los demás, decirles cómo tienen que hablar, obrar o comportarse; pero ahora queda claro que, por sobre todo, el servicio auténtico y humilde consiste en ayudar a nuestros vecinos a descubrir que poseen grandes talentos, frecuentemente escondidos, que los capacitan para hacer más por nosotros de lo que nosotros podemos hacer por ellos.

AUTOVACIAMIENTO EN FAVOR DE LOS DEMÁS

Al descubrir los dones originales del otro, aprenderemos a vaciarnos de nosotros mismos. El autovaciamiento no requiere de nosotros que asumamos forma alguna de autocastigo o autocondena, sino que prestemos atención a los demás en tal forma que ellos mismos empiecen a reconocer sus propios valores.

Prestar atención a nuestros semejantes no es precisamente fácil. Tendemos a estar tan inseguros de nuestra propia valía, y, en consecuencia, tan necesitados de afirmación, que resulta muy difícil que no solicitemos la atención hacia nosotros. Aun antes de que caigamos en la cuenta de ellos, nos encontramos hablando sobre nosotros, refiriéndonos a nuestras experiencias, contando nuestros relatos o llevando el tema de conversación hacia nuestro propio terreno. La frase tan común: "Esto me recuerda..." constituye el método típico que usamos para desviar la atención del otro hacia nosotros. Prestar atención a los demás con el deseo de hacer de ellos el centro y convertir sus intereses en nuestros constituye una verdadera forma de autovaciamiento, porque, para poder recibir a los demás en nuestro espacio íntimo interior, hemos de estar vacíos. Por eso resulta tan difícil escuchar. Significa desalojarnos a nosotros mismos del centro de atención e invitar a los demás a ocupar ese lugar.

Por experiencia, sabemos lo curativa que puede resultar una invitación así. Cuando alguien nos escucha con verdadera atención y muestra verdadero interés en nuestras luchas y dolores, sentimos que algo muy profundo está ocurriendo entre nosotros. De a poco, los miedos se descongelan, las tensiones se disuelven, las ansiedades se retiran, y descubrimos que llevamos en nosotros algo en lo que podemos confiar y ofrecer como un regalo a los demás. La simple experiencia de resultar valioso e importante para otra persona tiene un tremendo poder recreador.

Si hemos tenido tal experiencia, hemos recibido un tipo de conocimiento verdaderamente precioso. Habremos aprendido el significado auténtico de las palabras de Pablo: "Considere cada cual a los demás como superiores a sí mismo" (Flp 2, 3). No se trata de una invitación a la falsa humildad o a negar nuestra propia valía, sino de un llamado a ingresar en el ministerio curativo de Cristo con Él. Cada vez que prestamos atención, nos despojamos más de nosotros mismos, y cuanto más vacíos estamos, más espacio curativo podemos ofrecer. Y cuanto más vemos que los demás se curan, más comprendemos que no somos nosotros sino Cristo en nosotros quien realiza esa curación.

De este modo, en unión podemos provocar los dones escondidos en cada uno de los otros y recibirlos con gratitud como valiosas contribuciones para nuestra vida en comunidad.

Uno de los ejemplos más impresionantes de esta unión compasiva lo da una comunidad de discapacitados que hay en Roma. En esa comunidad, fundada por Don Franco, tanto los discapacitados adultos como los chicos viven juntos en extensas familias y provocan unos en otros la aparición de los talentos que hasta entonces permanecían ocultos. La hermosura de su unión resulta tan visible y convincente que mucha gente "sana" se ha unido a estos paralíticos, retrasados mentales, ciegos, lisiados o sordos, y ha descubierto con ellos el gran don de la comunidad. En esta comunidad hay pocas personas con quejas egoístas, con baja autoestima o en profunda depresión. Más bien, lo que hay es gente que ha descubierto los talentos ajenos y disfruta junta la riqueza de su vida común.

Esta nueva unión es el lugar de la compasión. Donde la gente ha penetrado en la mente de Cristo y ya no piensa sobre todo en sus propios intereses, allí se manifiesta el Señor compasivo y ofrece su presencia sanadora a cuantos se vuelven a Él.

REUNIDOS POR VOCACIÓN

Al dejar de hacer de nuestras diferencias individuales una cuestión de competencia, y al reconocer estas diferencias como contribuciones potenciales al enriquecimiento de una vida compartida, comenzaremos a escuchar el llamado a la comunidad. En y por medio de Cristo, personas de edades y estilos de vida distintos, de diferentes razas y clases sociales, con idiomas y educación disímiles, pueden reunirse y testimoniar la presencia compasiva de Dios en nuestro mundo.

Hay muchos grupos que comparten el mismo interés y la mayoría de ellos parecen existir para defender o proteger algo. Aunque dichos grupos cumplan con frecuencia tareas importantes en nuestra sociedad, la comunidad cristiana es de otra naturaleza muy distinta. Cuando formamos una comunidad cristiana, no nos reunimos porque tengamos parecidas experiencias, conocimientos, problemas, color o sexo, sino porque hemos sido juntamente llamados por el mismo Señor. Sólo Él nos hace capaces de atravesar los muchos puentes que nos separan; sólo Él nos capacita para reconocer a cada uno de los demás como miembros de una misma familia humana; y sólo Él nos libera para que prestemos atención cuidadosa a los demás. Por eso, los que están reunidos en comunidad son testigos del Señor compasivo. Por el modo como son capaces de sobrellevar las cargas ajenas y compartir las alegrías de los demás, dan testimonios de su presencia en el mundo.

La vida en comunidad es una respuesta a una vocación. La palabra vocación proviene del latín vocare, que significa "llamar". Dios nos llama congregándonos en un pueblo moldeado a imagen de Cristo. Somos reunidos por la vocación de Cristo. Y aquí necesitamos distinguir muy bien entre vocación y carrera. En un mundo que insiste tanto en el éxito, nuestra preocupación por una carrera tiende constantemente a hacer que seamos sordos para nuestra vocación. Cuando somos seducidos por la creencia de que lo que cuenta es nuestra carrera, nos incapacitamos para escuchar la voz que nos llama a todos juntos; comenzamos a preocuparnos tanto de nuestros propios planes, proyectos o promociones, que hacemos a un lado a todo aquel que nos impide lograr nuestros objetivos.

Carrera y vocación no se excluyen mutuamente. De hecho, nuestra vocación puede exigirnos que sigamos alguna carrera. Muchas personas se han convertido en excelentes médicos, abogados, técnicos y científicos como respuesta al llamado de

Dios escuchado en comunidad. Con frecuencia, nuestra vocación se expresa a través de una tarea, obra o intento concretos. Pero nuestra vocación no puede ser nunca reducida a estas actividades. Tan pronto como pensamos que nuestras carreras *son* nuestra vocación, estamos en peligro de regresar a los lugares ordinarios y apropiados en los que rige la competitividad humana y de usar nuestros talentos más para separarnos de los demás que para unirnos con ellos en una vida común. Una carrera desconectada de la vocación divide; una carrera que expresa la obediencia a nuestra vocación, como modo concreto de realizar nuestros dones originales, prepara para la comunidad. No son, pues, nuestras carreras, sino nuestras vocaciones, las que deben regir nuestras vidas.

El siguiente relato sobre una familia norteamericana nos ofrece una buena comprensión de la diferencia entre una vocación y una carrera. John, Mary y sus niños gozaban de una vida muy ordinaria y apropiada en un suburbio de Washington. John era un exitoso investigador de desarrollo comunitario. Daba conferencias, enseñaba en la universidad y producía informes periódicamente, como cualquier otro buen investigador. Mary era una mujer creativa. Encontraba tiempo, fuera de sus obligaciones familiares, para la cerámica y el tejido. Sus hijos eran abiertos y amistosos con los vecinos. Cuantos conocían a la familia los respetaban como personas solícitas, buenos ciudadanos y cristianos comprometidos. Sin embargo, en medio de todos sus éxitos, la vida parecía carecer de una dimensión que resultaba difícil formular. Una tarde, al regresar John de una conferencia, se dio cuenta de repente de que su propia familia estaba tan alienada como la mayoría de las otras. Cuanto más vueltas le daba al asunto, más impresionado quedaba por el hecho de que ganaba su dinero hablando sobre ideales que él mismo no vivía. Se sintió como un predicador que hablara orgullosamente sobre la humildad, que pronunciase la paz con rabia y proclamara la alegría con tristeza.

Cuando el contraste entre su carrera exitosa y su vida fracasada fue demasiado evidente como para negarlo, John y Mary tomaron la decisión valiente de retirarse con toda su familia durante un año, en el que vivieron con muy poco dinero, seguridad social y "éxito". Y allí, lejos de su lugar ordinario y apropiado, descubrieron la vida de nuevo. Vieron la naturaleza como nunca antes la habían visto; rezaron como nunca antes lo habían hecho; y se preguntaron cómo había sido posible que hubieran tardado tanto en descubrir lo que siempre habían tenido ante sus ojos. En esta nueva situación comenzaron a oír con más claridad la llamada que los invitaba a vivir más libres de las compulsiones del mundo, pero más cerca unos de otros y de sus vecinos y en constante búsqueda de una comprensión más profunda que los misterios de la vida. Allí descubrieron su vocación, una vocación que había estado siempre allí, pero que ellos no habían podido oír antes a causa de las ruidosas exigencias de sus carreras exitosas.

Uno de los resultados más notables, y de hecho inesperado, de su "conversión" fue que, cuando su vocación emergió de nuevo y se colocó en el centro de su atención, todo el mundo quedó transformado. Palabras tales como *familia, amistad* y *amor* se transformaron en palabras nuevas que expresaban nuevas experiencias de vida. La investigación ya no constituyó en adelante un aspecto de la vida académica competitiva, sino la expresión de una constante búsqueda de sentido. El liderazgo se transformó en servicio, los argumentos para convencer pasaron a ser invitaciones a la unión y las conferencias espectaculares se convirtieron en desafíos comprometedores. Pero sobre todo, su nuevo estilo de vida en común descubrió en el corazón de muchas otras personas deseos que estaban profundamente ocultos, que nunca habían sido expresados hasta que se mostraron en la vida concreta de esta familia norteamericana.

Lo que para muchos no pasaba de ser un sueño romántico, de repente cobraba la suficiente realidad como para convertirse en una meta alcanzable, en un ideal que podía ser llevado a la práctica. La vida compasiva dejaba de ser un ensueño para convertirse en realidad visible en la comunidad de vida de unas personas que habían descubierto, mediante el desplazamiento, una nueva forma de vivir juntos.

La vocación no es privilegio exclusivo de monjes, sacerdotes, religiosas o unos cuantos laicos heroicos. Dios llama a todos los que lo escuchan; no hay individuo ni grupo a quienes esté reservado el llamado de Dios. Pero para que sea efectivo, un llamado tiene que ser escuchado y para escucharlo debemos discernir continuamente nuestra vocación en medio de las crecientes exigencias de nuestra carrera.

De este modo, vemos cómo el desplazamiento voluntario conduce a una nueva unión en la que podemos reconocer nuestra igualdad en nuestra común vulnerabilidad, descubrir nuestros talentos originales como dones para la construcción de la comunidad y escuchar el llamado de Dios que nos convoca continuamente a una vocación que trasciende en mucho las aspiraciones de nuestra carrera.

TERCERA PARTE

El camino compasivo

VII
Paciencia

UNA DISCIPLINA QUE REVELA

En esta tercera y última parte queremos proponer una pregunta: ¿Existe un estilo de vida compasivo específico que pueda ser practicado a diario? En nuestras reflexiones sobre la vida compasiva insistimos sobre el discipulado. Aquí insistiremos sobre la disciplina.

La disciplina y el discipulado no pueden ser separados jamás. Sin disciplina, el discipulado se reduce a poco menos que el culto de un héroe o la moda; sin discipulado, la disciplina se torna con facilidad en una forma de emulación o de autoafirmación. Disciplina y discipulado se implican la una al otro. Se robustecen y profundizan mutuamente. Tenemos, sin embargo, demasiadas asociaciones —tanto positivas como negativas— con respecto a la palabra *disciplina*, de modo que resulta difícil darle la debida importancia con respecto al discipulado. Cuando decimos que los niños necesitan más disciplina, que falta disciplina en las escuelas y que sin autodisciplina nadie puede lograr lo que se propone, la palabra *disciplina* sugiere un esfuerzo riguroso por mantenerse a uno mismo o mantener a los demás bajo control y lograr eficiencia en el comportamiento humano. Hasta cuando usamos la palabra *disciplina* para designar una materia de estudio y experimentación, incluso entonces estamos hablando primariamente de eficiencia y control. Pero cuando usamos la palabra *disciplina* para expresar el método conducente a una vida compasiva, estas asociaciones resultan muy desorientadoras.

La disciplina no ha de ser tomada nunca en la vida cristiana como un método o técnica rigurosa para lograr la compasión. La compasión no es una habilidad que podamos conseguir a base de arduo entrenamiento, años de estudio o supervisión cuidadosa. No podemos obtener grados académicos en compasión. La compasión es un don divino, no el resultado del estudio sistemático o del esfuerzo. En una época en la que contamos con tantos programas ideados para ayudarnos a ser más sensibles, perceptivos y receptivos, necesitamos ser advertidos constantemente de que la compasión no es conquistada sino recibida, no es producto de nuestro duro trabajo sino fruto de la gracia de Dios. En la vida cristiana, la disciplina es el esfuerzo humano por descubrir lo que ha estado cubierto, por poner de relieve lo que estaba escondido, y por colocar sobre el candelero lo que estaba debajo de una canasta. Es como limpiar con un rastrillo las hojas que cubren los caminos en el jardín de nuestra alma. La disciplina hace posible la revelación del divino Espíritu de Dios en nosotros.

La disciplina en la vida cristiana requiere, por supuesto, un esfuerzo, pero se trata del esfuerzo de revelar más que de conquistar. Dios llama siempre. Para escuchar su llamado y permitirle que guíe nuestras acciones se requiere disciplina, en orden a no ser o volvernos espiritualmente sordos. Son demasiadas las voces que tratan de captar nuestra atención y demasiadas las actividades que nos desvían del hecho de que se impone un serio esfuerzo de nuestra parte si queremos llegar a ser y permanecer sensibles a la presencia divina en nuestras vidas.

Cuando Dios llama da un nombre nuevo. Abram se transformó en Abraham, Jacob en Israel, Saulo en Pablo y Simón en Pedro. Hemos de buscar este nombre nuevo, porque en él se nos revela la vocación irrepetible que nos es dada por Dios. La disciplina es el esfuerzo por evitar la sordera y ser sensibles al sonido de la voz que nos llama con un nombre nuevo y nos invita a una nueva vida en discipulado.

A menudo nos aferramos a nuestros viejos nombres porque los nuevos nombres, nuestras nuevas identidades, nos podrían llevar en direcciones en las que no querríamos marchar. Después de todo, Abraham, Israel, Pablo y Pedro no tuvieron una vida fácil una vez que obedecieron la voz de Dios. Tuvieron que recorrer muchos caminos difíciles y enfrentar muchos peligros. Intuitivamente nos damos cuenta de que es más rentable la sordera y de que las promesas de nuestras propias voces son a menudo más convincentes que las ofrecidas por Dios. Pero también sentimos que al permanecer sordos permaneceremos también extraños a nuestros yoes más profundos, y que nunca conoceremos nuestras verdaderas identidades. Sin disciplina, nunca llegaremos a conocer nuestros verdaderos nombres. Y esto puede constituir la más grande tragedia de nuestra existencia. La gente sorda llega a ser gente sin nombre que carece de destino y queda privada de meta en su caminar, desconocedora de sí misma y de sus compañeros de ruta.

La disciplina, así entendida, es indispensable en la vida compasiva. Sin disciplina, las fuerzas que nos llaman por nuestro nombre antiguo y nos empujan a los juegos de la competencia son demasiado fuertes como para ser resistidas. En nuestro estilo de vida diario necesitamos ser capaces de hacer algo que prevenga que la semilla sembrada en nuestras vidas sea sofocada. Necesitamos un camino concreto y específico que nos pueda proporcionar formación, orientación y práctica. Necesitamos saber no sólo sobre la vida compasiva, sino también sobre el camino compasivo.

ENTRAR ACTIVAMENTE EN EL
MEOLLO DE LA VIDA

¿Qué es, entonces, el camino compasivo? El camino compasivo es el camino paciente. La paciencia es la disciplina de la compasión. Esto resulta evidente cuando caemos en la cuenta de que la palabra *compasión* puede ser leída como *com-paciencia*. Las palabras *pasión* y *paciencia* hunden sus raíces ambas en la palabra latina *pati*, que significa "sufrir". La vida compasiva podría ser descrita como una vida pacientemente vivida con otros. Si preguntamos, pues, sobre el camino de la vida compasiva —sobre la disciplina de la compasión—, la respuesta es: la paciencia. Si no queremos ser pacientes, no podemos ser com-pacientes. Si nosotros mismos no somos capaces de sufrir, tampoco podemos sufrir con otros. Si carecemos de entereza para cargar con el peso de nuestras vidas, seremos incapaces de aceptar el peso de los que nos rodean. La paciencia es la dura pero fructífera disciplina del discípulo del Dios compasivo.

De entrada, esto puede sonar a desilusión. Realmente suena a descompromiso. Cada vez que oímos la palabra paciencia tendemos a sobrecogernos. Cuando niños, escuchamos la palabra tan a menudo en situaciones tan variadas que parecía tratarse de la palabra para usar cuando no se sabía ya qué decir. Normalmente significaba esperar y esperar a que papá volviera a casa, que llegara el bus, que el mozo trajera la comida, que terminara el colegio, que pasara el dolor, que parara la lluvia, o que se arreglara el auto. Y así la palabra *paciencia* llegó a ser asociada a la falta de poder, a la imposibilidad de actuar y a todo tipo de situaciones de pasividad y dependencia. Es, pues, muy comprensible que cuando alguien con autoridad —nuestros padres, el sacerdote, el ministro, el maestro, el patrón— dice "tengan paciencia", frecuentemente nos sentimos disminuidos y ofendidos. A menudo, esto significaba simplemente que no íbamos a ser informados sobre lo que estaba realmente pasando, que íbamos a ser mantenidos en un rango de sirvientes y que lo único que se esperaba de nosotros era que aguardáramos pacientemente hasta que alguien con poder decidiera actuar de nuevo.

Es triste que una palabra tan profunda y rica como *paciencia* tenga una historia tan pervertida en nuestras mentes. Con semejante historia resulta difícil no considerar la *paciencia* como una palabra opresora usada por los poderosos para mantener a los débiles bajo control. De hecho, no pocos de los que detentan posiciones verdaderamente influyentes han aconsejado paciencia simplemente para impedir los cambios que necesitan la Iglesia y la sociedad.

Pero la verdadera paciencia es lo opuesto a la espera pasiva en la que dejamos que las cosas ocurran y que otros tomen las decisiones. La paciencia significa entrar activamente en el meollo de la vida y vérselas de lleno con el sufrimiento dentro de uno mismo y a su alrededor. La paciencia es la capacidad de mirar, escuchar, tocar, saborear y olfatear lo más plenamente posible los acontecimientos internos y externos de nuestras vidas. Es entrar en nuestras vidas con los ojos, los oídos y la manos abiertas, de modo que conozcamos realmente lo que está ocurriendo. La paciencia es una disciplina extremadamente difícil precisamente porque va contra nuestra tendencia irreflexiva a huir o pelear. Cuando vemos un accidente en la carretera, algo en nosotros aprieta el acelerador. Cuando alguien nos trae un problema delicado, algo en nosotros trata de cambiar de tema. Cuando se presenta un recuerdo vergonzoso, algo en nosotros quiere olvidarlo. Y si no podemos huir, peleamos. Peleamos con quien desafía nuestras opiniones, con los que cuestionan nuestro poder y con las circunstancias que nos obligan a cambiar.

La paciencia nos exige ir más allá de la alternativa entre huida y pelea. Representa un tercer camino, mucho más difícil. Reclama una disciplina porque va contra lo medular de nuestros impulsos. La paciencia implica perseverar, vivir, escuchar cuidadosamente lo que se nos presenta aquí y ahora. La paciencia implica parar en la ruta cuando un herido necesita atención inmediata. La paciencia significa superar el miedo a los temas controvertidos. Significa prestar atención a los recuerdos vergonzosos y buscar el perdón sin necesidad de olvidar. Significa dar la bienvenida al criticismo sincero y evaluar las condiciones cambiantes. Brevemente, la paciencia es la voluntad de ser influenciados, aun cuando esto implique perder el control y entrar en terreno desconocido.

Jesús y los autores del Nuevo Testamento tienen mucho que decir sobre esta paciencia activa. La palabra griega que significa paciencia es *hypomonē*. El hecho de que esta palabra sea traducida en diferentes lugares por diferentes términos castellanos como paciencia, aguante, perseverancia y fortaleza, sugiere ya que estamos ante un concepto bíblico muy rico. Cuando Jesús habla sobre la paciencia, la describe como la disciplina por la que resulta manifiesta la presencia vivificadora de Dios. La paciencia es la cualidad de quienes son tierra fértil en la que la semilla puede producir "su cosecha del ciento por uno". "Lo que cayó en buena tierra —dice Jesús— son los que, después de haber oído conservan la Palabra con corazón bueno y recto, y fructifican con perseverancia (*hypomonē*)" (cf. Lc 8, 8, 15).

Resulta evidente que Jesús considera esta paciencia como algo central en las vidas de sus seguidores. "Serán entregados por padres, hermanos, parientes y amigos, y matarán a algunos de ustedes, y serán odiados de todos por causa de mi nombre. Pero no perecerá ni un cabello de su cabeza. Con su perseverancia (*hypomonē*) salvarán sus almas" (Lc 21, 16-19). Jesús no quiere que sus seguidores peleen o huyan, sino que entren de lleno en el desastre de la vida humana. Llega incluso hasta decirles a sus discípulos que no se preparen para defenderse ante la eventualidad de que sean llevados ante los tribunales. En medio de su sufrimiento oirán la voz de su Señor compasivo que les hará partícipes de su sabiduría. "Los llevarán ante reyes y gobernadores por mi nombre... Propongan, pues, en su corazón no preparar la defensa, porque yo les daré una elocuencia y una sabiduría a la que no podrán resistir ni contradecir todos sus adversarios" (Lc 21, 12-15).

La paciencia activa, fuerte y fructífera de que habla Jesús es alabada de continuo por los apóstoles Pablo, Pedro, Santiago y Juan como la señal del verdadero discípulo. Pablo en especial nos ofrece una profunda intuición sobre el poder de la paciencia. Exhorta a su amigo Timoteo a ser paciente y amable (cf. 1 Tm 6, 11) y escribe a los cristianos de Colosas: "Revístanse, pues, como elegidos de Dios, santos y amados, de entrañas de misericordia, de bondad, humildad, mansedumbre, paciencia" (Col 3, 12). No duda en ofrecerse a sí mismo como ejemplo de paciencia (cf. 2 Tm 3, 10) y en ver en la paciencia la fuente de una íntima solidaridad entre él y su gente: "Si somos atribulados, lo somos para consuelo y salvación de ustedes; pues sabemos que, como son solidarios con nosotros en los sufrimientos, así lo serán también en la consolación" (2 Co 1, 6-7). Para Pablo, la paciencia es evidentemente la disciplina de la vida compasiva. En una declaración gloriosa y triunfal escribe a los cristianos de Roma que por medio de la paciencia somos signos del amor del Dios compasivo: "... nos gloriamos hasta en las tribulaciones, sabiendo que la tribulación produce la paciencia; la paciencia, virtud probada; la virtud probada, esperanza, y la esperanza no falla, porque el amor de Dios ha sido derramado en nuestros corazones por el Espíritu Santo que nos ha sido dado" (Rm 5, 3-5).

Esta convicción de que la presencia del Dios compasivo se hace manifiesta por medio de la paciencia, el aguante, la perseverancia y la fortaleza constituye la principal motivación para la disciplina de la paciencia. Esto está hermosamente expresado por Santiago cuando dice: "... Miren cómo proclamamos felices a los que sufrieron con paciencia (*hypomeinantas*). Han oído la paciencia (*hypomonē*) de Job en el sufrimiento y saben el final que el Señor le dio; porque el Señor es compasivo y misericordioso" (St 5, 10-11). Así pues, el Nuevo Testamento presenta la disciplina de la paciencia como el camino hacia una vida de discipulado que nos convierte en signos de la presencia del Dios compasivo en el mundo.

VIVIR EN LA PLENITUD DEL TIEMPO

La paciencia como un entrar activo en el meollo de la vida nos abre a una nueva experiencia del tiempo. La paciencia nos hace caer en la cuenta de que el cristiano que ha entrado en el discipulado de Jesucristo no solamente vive con una nueva mentalidad sino también en un nuevo tiempo. La disciplina de la paciencia consiste en el esfuerzo concentrado para permitir que el nuevo tiempo en el que hemos sido introducidos por Cristo determine nuestras percepciones y decisiones. Este nuevo tiempo es el que nos ofrece la oportunidad y el contexto para estar juntos en un camino compasivo.

Para poder profundizar más plenamente en esta distinción entre el tiempo viejo y el nuevo y para adquirir mayor aprecio de la importancia de la disciplina de la paciencia, observemos nuestros momentos impacientes. La impaciencia siempre tiene algo que ver con el tiempo. Cuando nos impacientamos con los oradores, queremos que dejen de hablar o que cambien de tema. Cuando nos impacientamos con los niños, queremos que dejen de gritar, de pedir helado o de correr a nuestro alrededor. Cuando nos impacientamos con nosotros mismos, queremos cambiar nuestros malos hábitos, terminar un trabajo concreto o avanzar con más rapidez. Sea cual fuere la naturaleza de nuestra impaciencia, queremos salir del estado físico o mental en el que nos encontramos y trasladarnos a otro menos confortable. Cuando expresamos nuestra impaciencia, ponemos de manifiesto nuestro deseo de que cambien las cosas lo antes posible. "Ojalá aparezca pronto... He estado esperando aquí durante una hora y el tren todavía no ha llegado... Este sermón no termina nunca... ¿Falta mucho para llegar?" Tales expresiones revelan inconscientemente una intranquilidad interior que a menudo se autoexpresa en movimientos de pies bajo la mesa, en dedos nerviosamente entrelazados o en largos e interminables bostezos. Esencialmente, la impaciencia es la experimentación del momento como vacío, inutilidad, sinsentido. Es el deseo de escapar del aquí y ahora lo antes posible.

A veces nuestras emociones están tan totalmente dominadas por la impaciencia, que somos incapaces ya de darle un significado al momento. Por ejemplo, aun cuando sabemos que nuestro avión está atrasado tres horas y que no hay nada urgente que hacer por ahora, podemos estar tan llenos de la impaciencia que nos carcome, que somos incapaces de leer la novela que queríamos leer, escribir las cartas que queríamos escribir o disponer de aquel tiempo tranquilo para orar que tanto anhelábamos. Nuestro único y obsesivo deseo es salir de ese lugar y de ese tiempo. Ha desaparecido toda esperanza en el momento.

Quienes viajan mucho se quejan a menudo del poco trabajo que pueden realizar durante sus horas pasadas en aeropuertos, aviones, trenes y buses. Sus bien intencionados planes de estudiar sus documentos, de preparar sus conferencias o pensar a fondo sus problemas se ven frecuentemente frustrados, aun cuando nada en particular los distrae. Parecería que el clima que predomina en el mundo del transporte está organizado para sacar del aquí y ahora, de modo que una auténtica concentración demandaría más energía de la que normalmente tenemos. El negocio del transporte es, de hecho, una impaciencia comercializada. La gente impaciente puede a veces causar problemas, pero demasiada paciencia podría significar una bancarrota para muchas compañías. La gente tiene que seguir saliendo, hasta el punto de que leer un libro en el café de un aeropuerto apenas puede ser tolerado.

¿Cuál es la base de esta impaciencia? Vivir en el tiempo del reloj. El tiempo del reloj es el tiempo lineal por el que nuestra vida es medida en unidades abstractas que aparecen en relojes y calendarios. Estas unidades de medida nos indican los meses, los días, las horas y los segundos en que nos encontramos, y deciden por nosotros cuánto tiempo nos queda para hablar, escuchar, comer, cantar, estudiar, orar, dormir, jugar o quedarnos. Nuestras vidas están dominadas por nuestros relojes. Es particularmente enorme la tiranía de la cita de una hora. Hay visitas de una hora, terapias de una hora e, incluso, felicidades de una hora. Sin que nos demos cuenta plenamente de ello, nuestras emociones más íntimas están influenciadas a menudo por el reloj. Los grandes relojes de pared de los hospitales y aeropuertos han causado muchos desastres íntimos y muchas lágrimas.

El tiempo del reloj es un tiempo exterior, un tiempo que tiene una objetividad dura e inmisericorde. El tiempo del reloj nos lleva a pensar en cuánto más nos queda para vivir y si la "vida verdadera" no ha pasado ya para nosotros. El tiempo del reloj nos hace perder la ilusión por el hoy y parece sugerirnos que quizá mañana, la próxima semana o el próximo año sucederá realmente algo. El tiempo del reloj sigue diciendo: "¡Apresúrate, apresúrate, el tiempo vuela, quizás te pierdas lo que importa! Pero hay todavía una posibilidad... Apresúrate a casarte, a encontrar un empleo, a visitar un país, a leer un libro, a obtener un título.... Intenta engullir todo antes de que el tiempo se acabe para ti." El tiempo del reloj siempre nos hace partir. Genera impaciencia e impide cualquier convivencia compasiva.

Pero, afortunadamente, para la mayoría de nosotros ha habido también en nuestras vidas otros momentos esencial y cualitativamente distintos en los que ha prevalecido la experiencia de la paciencia. Quizás hayan sido raros tales momentos en nuestras vidas, pero se cuentan entre esos preciosos recuerdos que son capaces de ofrecer esperanza y coraje en los períodos intranquilos y tensos. Esos momentos pacientes nos han ofrecido una experiencia muy distinta del tiempo. Se trata de una experiencia del momento como lleno, rico y prometedor. Tal experiencia nos hace desear quedar allí y vivir el momento en plenitud. De algún modo, nos damos cuenta de que en ese momento se contiene todo: el principio, el medio y el fin; el pasado, el presente y el futuro; el dolor y el gozo; la expectativa y la realización; la búsqueda y el encuentro.

Estos momentos pacientes pueden diferir mucho unos de otros. Pueden ocurrir mientras estamos simplemente sentados al lado de la cama de un enfermo y constatamos que el estar juntos es la cosa más importante. Puede suceder mientras nos hallamos trabajando en una tarea rutinaria y de repente caemos en la cuenta de que es sencillamente estupendo estar vivo y trabajar. Puede darse mientras permanecemos en una iglesia tranquila e inesperadamente nos apercibimos de que todo está presente aquí y ahora. Estos y semejantes momentos los recordamos con mucha gratitud. Decimos: "Parecía que el tiempo se había detenido; todo confluía y era simplemente. Nunca olvidaré aquel momento." Tales momentos no son necesariamente felices, alegres o extáticos. Pueden estar llenos de tristeza y dolor, o marcados por la agonía y la lucha. Lo que cuenta en ellos es la experiencia de plenitud, importancia íntima y maduración. Lo que cuenta es la conciencia de que en ese momento hemos sido tocados por la vida verdadera. De tales momentos no queremos irnos; al contrario, queremos vivirlos en plenitud.

La siguiente situación muestra cómo semejantes momentos pueden ser vivenciados como momentos de verdad. Estamos reunidos con muchos amigos. Ningún tema urgente es discutido, ningún plan hecho, nadie ajeno a nosotros es tema de conversación. Se habla poco. Conocemos mutuamente nuestras respectivas heridas. Sabemos de los muchos conflictos pendientes de solución. Pero no hay miedo. Miramos a cada uno de los demás con bondad y paciencia, y entonces nos damos cuenta de que somos parte de un gran acontecimiento, de que todo lo que pueda ocurrir en nuestras vidas está sucediendo aquí y ahora, que este momento contiene la verdad plena y que permanecerá con nosotros dondequiera que marchemos. Nos damos cuenta de que estamos vinculados a nuestros amigos con lazos de amor y de esperanza que resultarán indestructibles por la distancia en el tiempo o en el espacio. Vemos lo que son realmente la unidad y la paz, y sentimos un vigor interno que se apodera de cada fibra de nuestro ser. Y nos sentimos decir a nosotros mismos: "Esto es la gracia."

La paciencia esfuma el tiempo del reloj y revela un nuevo tiempo, el tiempo salvífico. No se trata ya del tiempo medido por unidades abstractas y objetivas del reloj o del calendario, sino, al contrario, del tiempo vivido desde dentro y vivenciado como tiempo pleno. De este tiempo pleno es del que habla la Escritura. Todos los grandes acontecimientos de los Evangelios ocurren en la plenitud del tiempo. Una traducción directa del griego muestra esto claramente: cuando para Isabel se *plenificó* el tiempo, dio a luz a su hijo Juan (cf. Lc 1, 57); cuando se llenaron para María los días dio a luz a Jesús (cf. Lc 2, 6); cuando se *completaron* los días de la purificación, José y María lo llevaron a Jerusalén (cf. Lc 2, 22). Y el verdadero acontecimiento siempre ocurre en esta plenitud del tiempo.

La palabra *sucedió* –en griego *egeneto*– anuncia siempre un acontecimiento que no ha de ser medido por el tiempo exterior sino por el tiempo interior de la maduración. En los días de Herodes sucedió que Zacarías era sacerdote al servicio del templo (cf. Lc 1, 5). Al octavo día *sucedió* que se congregaron para circuncidar a Juan (cf. Lc 1, 59). En aquellos días *sucedió* que salió un decreto del César Augusto (cf. Lc 2, 1). Mientras estaban en Belén *sucedió* que se le cumplió el tiempo a María para tener un niño (cf. Lc 2, 6). Estos sucesos están anunciados todos ellos como momentos de gracia y de salvación. Y así vemos que el gran acontecimiento de la venida de Dios es reconocido como el acontecimiento de la plenitud del tiempo. Jesús proclama que el tiempo se ha *cumplido* y el Reino de Dios está cerca (cf. Mc 1, 15), y Pablo resume las grandes noticias cuando escribe a los cristianos de Galacia que al llegar a la *plenitud* de los tiempos, envió Dios a su Hijo, nacido de mujer... para que recibiéramos la filiación adoptiva (cf. Ga 4, 4-5).

Éste es el tiempo pleno, preñado de nueva vida, que puede ser encontrado por medio de la disciplina de la paciencia. En la medida en que nos esclavizamos al reloj y al calendario, nuestro tiempo queda vacío y no sucede nada en realidad. Y así perdemos el momento de gracia y salvación. Pero cuando la paciencia nos impide rehuir el momento doloroso con la falsa esperanza de encontrar nuestro tesoro en otro lugar, entonces podemos comenzar a ver poco a poco que la plenitud del tiempo está ya aquí y que la salvación está llegando. Entonces podemos descubrir también que en y a través de Cristo todos los acontecimientos humanos pueden volverse acontecimientos divinos en los que descubrir la presencia compasiva de Dios.

TIEMPO PARA CELEBRAR LA VIDA CON OTROS

La paciencia es la disciplina de la compasión porque a través de la paciencia podemos vivir en la plenitud del tiempo e invitar a otros a compartirla. Cuando sabemos que Dios nos está ofreciendo la salvación, hay más tiempo para estar con otros y celebrar la vida juntos.

En la medida en que permanecemos víctimas del tiempo del reloj, que nos obliga a atenernos a ritmos rígidos de fracciones de tiempo, estamos condenados a vivir sin compasión. Cuando vivimos por el reloj no tenemos tiempo para los demás: siempre estamos de camino para nuestro próximo compromiso y no nos enteramos de la persona que necesita auxilio al costado de la ruta; estamos cada vez más preocupados por perder algo importante y percibimos el sufrimiento humano como una interrupción perturbadora de nuestros planes; estamos constantemente preocupados con nuestra tarde libre, nuestro fin de semana libre o mes libre, y perdemos la capacidad de alegrarnos con la gente con quien vivimos y trabajamos día tras día. Pero si este tiempo del reloj deja de aprisionarnos y comenzamos a vivir en el tiempo íntimo de la abundancia de Dios, entonces la compasión hace su aparición. Si la paciencia nos enseña el ritmo natural del nacimiento y de la muerte, del crecimiento y de la decadencia, de la luz y de la oscuridad, y nos capacita para experimentar este nuevo tiempo con todos nuestros sentidos, entonces descubrimos espacio ilimitado para nuestros compañeros de humanidad.

La paciencia nos abre hacia la gente muy distinta, la cual puede ser invitada en su totalidad a saborear la plenitud de la presencia de Dios. La paciencia abre nuestros corazones hacia los niños pequeños y nos hace tomar conciencia de que sus años tempraneros son tan importantes a los ojos compasivos de Dios como los años ulteriores de los adultos. Nos hace descubrir que no es la maduración de una vida lo que cuenta, sino su plenitud. La paciencia abre nuestros corazones a los ancianos y evita que emitamos el juicio de hora de reloj según el cual sus mejores años ya han transcurrido. La paciencia nos abre a los enfermos y moribundos y nos permite sentir que un minuto de verdadera convivencia puede eliminar la amargura de toda una vida. La paciencia nos ayuda a conceder un momento de descanso y respiro al atareado joven ejecutivo, y a crear un poco de silencio para las tan ocupadas parejas recién casadas. La paciencia nos permite no tomarnos a nosotros mismos tan en serio y nos vuelve sospechosos cada vez que nuestros planes altruistas y orientados al servicio nos someten a la línea del tiempo de nuestros relojes y calendarios. La paciencia nos hace amorosos, cariñosos, amables, tiernos y constantemente agradecidos por la abundancia de los dones de Dios.

No es difícil reconocer a la gente paciente. En su presencia nos ocurre algo verdaderamente profundo. Nos sacan de nuestra inquietud ansiosa y nos llevan con ellos a la plenitud del tiempo de Dios. En su presencia sentimos lo mucho que somos amados, aceptados y cuidados. La multitud de cosas, grandes y pequeñas, que nos llenaban de ansiedad, parecen perder de golpe su poder sobre nosotros y reconocemos que todo cuando realmente anhelamos está aconteciendo en este momento único de compasión.

El papa Juan XXIII era una de esas personas pacientes. En su presencia, la gente se sentía elevada de lo profundo de sus marañas y descubría un nuevo horizonte que les permitía alejarse de sus numerosos miedos y ansiedades. Muchos granjeros, oficinistas, estudiantes y serenos son también personas así. En sus propios estilos tranquilos y poco llamativos, dejan que sus amigos, sus niños y sus vecinos tomen parte en la plenitud del tiempo de Dios y de ese modo les ofrecen la compasión graciosa de Dios.

Y así la paciencia es el camino compasivo que nos conduce

a la vida compasiva. Es la disciplina del discipulado. Como la paciencia ha de ser incorporada al tejido de nuestra vida diaria, necesitamos explorar con más detalle cómo la disciplina de la paciencia se va tejiendo y formando en una vida de oración y acción.

VIII
Oración

CON LAS MANOS VACÍAS

La disciplina de la paciencia se practica en la oración y en la acción. La oración y la acción forman un conjunto con la disciplina de la paciencia. En este capítulo queremos explorar cómo sufrimos el aquí y ahora en la oración y hallamos al Dios compasivo en el centro de nuestras vidas.

A primera vista, puede resultar extraño que se vincule la oración con la disciplina de la paciencia. Pero no hay que detenerse a pensar mucho para caer en la cuenta de que la impaciencia nos aleja de la oración. ¿No es cierto que muy a menudo nos hemos dicho a nosotros mismos: "Verdaderamente estoy demasiado ocupado para orar", o: "Hay tantas cosas urgentes que hacer, que no parezco tener oportunidad para orar", o: "Cada vez que me propongo ir a orar surge algo que requiere mi atención"? En una sociedad que parece estar llena de urgencias y emergencias, la oración parece haberse convertido en una conducta no natural. Sin darnos cuenta del todo, hemos aceptado la idea de que "hacer cosas" es más importante que orar y que la oración es algo reservado a los momentos en que no tenemos nada que hacer. Mientras de palabra, e incluso intelectualmente, coincidimos con quien subraya la importancia de la oración, nos hemos vuelto hijos de un mundo impaciente hasta tal extremo que nuestro comportamiento confirma el punto de vista de que orar es una pérdida de tiempo.

Esta situación nos muestra cuán necesario es mirar la oración como una disciplina. Se precisa un esfuerzo humano concentrado, porque la oración no es nuestra respuesta más natural de cara al mundo. Abandonados a nuestros propios impulsos, siempre querríamos hacer algo que no fuera orar. A menudo, lo que queremos hacer es tan incuestionablemente bueno — organizar un programa de educación religiosa, ayudar en un comedor, escuchar los problemas de la gente, visitar enfermos, preparar una liturgia, trabajar con presos y enfermos mentales—, que resulta difícil darse cuenta de que incluso todo esto puede ser hecho con impaciencia, convirtiéndose de esa forma en expresiones de nuestras propias necesidades, no signos de la compasión de Dios.

Por eso, la oración es en muchos sentidos el criterio de nuestra vida cristiana. La oración exige que nos pongamos en la presencia de Dios con la manos abiertas, desnudos y vulnerables, diciéndonos a nosotros mismos y a los demás que sin Dios no podemos nada. Esto resulta difícil en un clima en el que el consejo predominante es: "Da lo mejor de ti y Dios hará el resto." Cuando la vida queda dividida en "lo mejor de nosotros" y "el resto de Dios", hemos convertido la oración en el último recurso para usar tan sólo cuando todas nuestras capacidades se encuentren ya agotadas. Entonces, incluso el Señor habrá sido víctima de nuestra impaciencia. El discipulado no significa usar a Dios cuando ya no podemos manejarnos solos. Al contrario, significa reconocer que nosotros no podemos hacer absolutamente nada, pero que Dios puede hacerlo todo sirviéndose de nosotros. Como discípulos, en Dios encontramos no sólo algo de nuestra fuerza, esperanza, coraje y confianza, sino la totalidad de todo eso. Y, por tanto, la oración debe ser nuestro primer asunto.

Miremos ahora más de cerca la práctica de la oración. De cuanto hemos dicho se desprende que la oración no es un esfuerzo por entrar en contacto con Dios, por ponerlo de nuestra parte. La oración, como disciplina que robustece y profundiza el discipulado, consiste en el esfuerzo por eliminar todo aquello que pueda impedir que el Espíritu de Dios, que nos ha sido dado por Jesucristo, nos hable libremente en nuestro interior. La disciplina de la oración es la disciplina por la que liberamos al Espíritu Santo de la maraña de nuestros impulsos impacientes. Es el modo como permitimos al Espíritu de Dios que vaya donde quiera.

EN EL ESPÍRITU

Hasta ahora apenas hemos mencionado al Espíritu Santo. Pero no podemos hablar sobre la oración sin hablar del Espíritu que Dios manda para que nos conduzca a la intimidad de su vida divina. La vida cristiana es una vida espiritual precisamente porque es vivida en el Espíritu de Cristo. Esto puede ser malentendido con facilidad, como cuando nos decimos unos a otros: "Hagamos esto en el espíritu de quien fue tan bueno con nosotros." Pero el Evangelio usa un lenguaje mucho más fuerte. El Espíritu es el Espíritu Santo que nos ha enviado por el Padre en nombre de Jesús (cf. Jn 14, 26). Este Espíritu Santo es la vida divina misma, por la que no sólo nos hacemos hermanos y hermanas de Cristo, sino también hijos e hijas del Padre. Por eso Jesús pudo decir: "Les conviene que yo me vaya; porque si no me voy, no vendrá a ustedes el Paráclito... Cuando venga él, el Espíritu de la verdad, los guiará hasta la verdad completa... Recibirá de lo mío y se lo comunicará a ustedes. Todo lo que tiene el Padre es mío" (Jn 16, 7-15).

Así, pues, recibir el Espíritu Santo es recibir la vida del Padre y del Hijo. Este Espíritu hace posible el verdadero discipulado, un discipulado que implica no sólo seguir las huellas de Cristo, sino también participar con Él en su más íntima vida con el Padre. Pablo expresa esto con fuerza cuando escribe a los cristianos de Galacia:_"La prueba de que son hijos es que Dios ha mandado a nuestros corazones el Espíritu de su Hijo que clama ¡*Abbá*, Padre! De modo que ya no eres esclavo, sino hijo..." (Ga 4, 6-7; cf. Rm 8, 15). Y de este modo Pablo pudo decir también: "... vivo, pero no yo, sino que es Cristo quien vive en mí" (Ga 2, 20).

La vida espiritual es la vida en el Espíritu o, más correctamente, la vida del Espíritu en nosotros. Es esta vida espiritual la que nos capacita para vivir con una nueva mentalidad en un tiempo nuevo. Una vez que hemos comprendido esto, el sentido de la oración nos resulta claro. La oración no es lo hecho por nosotros, sino, muy al contrario, lo hecho en nosotros por el Espíritu Santo. Pablo escribe a los corintios: "Nadie puede decir 'Jesús es Señor' sino por influjo del Espíritu Santo" (1 Co 12, 3). Y a los romanos les dice: "El espíritu... viene en ayuda de nuestra flaqueza. Pues nosotros no sabemos pedir como conviene; mas el Espíritu mismo intercede por nosotros con gemidos inefables, y el que escruta los corazones conoce cuál es la aspiración del Espíritu, y que su intercesión a favor de los santos es según Dios" (Rm 8, 26-27). La oración es tarea del Espíritu Santo.

Esto indica que la oración como disciplina de paciencia consiste en el esfuerzo humano realizado en orden a permitir que el Espíritu Santo realice en nosotros su obra re-creadora. Esta disciplina implica muchas cosas. Implica una constante opción por no huir del momento presente en la vacía esperanza de que la salvación aparezca a la vuelta de la próxima esquina. Implica la determinación de escuchar atentamente a la gente y a los acontecimientos, hasta el punto de discernir los movimientos del Espíritu. Implica una lucha creciente por evitar que nuestras mentes y corazones queden confundidos por las numerosas distracciones que reclaman nuestra atención. Pero, sobre todo, implica la decisión de reservar cada día un tiempo para estar a solas con Dios y escuchar al Espíritu. La disciplina de la oración nos capacita a un tiempo para discernir la presencia del Espíritu divino dador de la vida en medio de nuestras vidas febriles y para dejar que ese Espíritu transforme constantemente nuestras vidas. Liberados por la disciplina para escuchar pacientemente al Espíritu de Dios y para secundar sus divinas mociones en nosotros, llegamos a darnos cuenta de que este Espíritu nos recuerda cuanto Jesús dijo e hizo (cf. Jn 14, 26; 16, 8), nos enseña a orar (cf. Rm 8, 26-27) y nos capacita para ser sus testigos hasta los confines de la tierra (cf. Hch 1, 8). Comprendemos entonces también que el Espíritu Santo nos confirma en la verdad (cf. Rm 9, 1), nos da la rectitud, la paz y la alegría (cf. Rm 14, 17), quita todos los impedimentos de la esperanza (cf. Rm 15, 13), y hace nuevas todas las cosas (cf. Tt 3, 5).

La disciplina de la oración nos hace detenernos y escuchar, pararnos y mirar, saborear y ver, prestar atención y ser conscientes. Aunque esto pueda sonar como una invitación a la pasividad, en la actualidad requiere mucha fuerza de voluntad y motivación. Podríamos considerar la disciplina de la oración como una forma de desplazamiento interior. La respuesta ordinaria y correcta a nuestro mundo consiste en prender la radio, abrir el periódico, ir a ver otra película, hablar con más gente o buscar con impaciencia nuevas atracciones y distracciones. El escuchar pacientemente la voz del Espíritu en la oración constituye un desplazamiento radical que al comienzo produce un desasosiego especial. Estamos tan acostumbrados a nuestro estilo de vida impaciente, que no esperamos mucho de este rato. Cada intento de "pasar por" o de "quedar en" resulta tan contrario a nuestras costumbres habituales, pero cuando la disciplina nos mantiene fieles, comenzamos a sentir poco a poco que está sucediendo aquí y ahora algo tan profundo, tan misterioso y tan creativo que nos atrae, no en razón de nuestros impulsos, sino por la acción del Espíritu Santo. En nuestro desplazamiento interior experimentamos la presencia del Dios compasivo. Pablo escribe a Tito:

"Mas cuando se manifestó la bondad de Dios nuestro Sal-

vador y su amor a los hombres, él nos salvó, no por obras de justicia que hubiéramos hecho nosotros, sino según su misericordia, por medio del baño de regeneración y de renovación del Espíritu Santo, que él derramó sobre nosotros con largueza por medio de Jesucristo nuestro Salvador para que, justificados por su gracia, fuésemos constituidos herederos, en esperanza, de vida eterna. Es cierta esta afirmación y quiero que en esto te mantengas firme" (Tt 3, 4-8).

La oración nos revela al Espíritu de Dios compasivo. Como tal, es la disciplina que sustenta al discipulado.

UNA INTIMIDAD COMPASIVA

Debemos buscar ahora una comprensión más profunda del modo en que la oración, como espera paciente de las mociones íntimas del Espíritu Santo, resulta una disciplina de la compasión. ¿Qué tiene que ver la oración con una vida compasiva? ¿No exige acaso la vida compasiva que nos hagamos presentes a los que sufren? ¿No requiere que entremos en solidaridad con los pobres, con los oprimidos y abatidos; no nos mueve a meternos en el meollo de la vida y a experimentar los infortunios de la existencia en solidaridad con los marginados? ¿Cómo puede ser, entonces, la oración una disciplina de la compasión?

Muchos tienden a asociar la oración con el apartamiento de la gente, pero la oración auténtica nos aproxima mucho más a nuestros compañeros de humanidad. La oración es la primera e imprescindible disciplina de la compasión precisamente porque es también la primera expresión de solidaridad humana. ¿Por qué es esto así? Porque el Espíritu que ora en nosotros es también el Espíritu que conduce a todos los seres humanos a la unidad y a la comunidad. El Espíritu Santo, Espíritu de paz, unidad y reconciliación, se nos revela constantemente a sí mismo como la fuerza que congrega a gente de las más diversas procedencias sociales, políticas, económicas, raciales y étnicas como hermanas y hermanos del mismo Cristo y como hijas e hijos del mismo Padre.

Para no deslizarnos hacia el romanticismo espiritual o el sentimentalismo piadoso precisamos prestar mucha atención a la presencia compasiva del Espíritu Santo. La intimidad de la oración es la intimidad creada por el Espíritu Santo, el cual proporciona la nueva mentalidad y el nuevo tiempo que no excluyen sino que incluyen a los otros seres humanos. En la intimidad de la oración, Dios se nos revela a sí mismo como el Dios que ama a todos los miembros de la familia humana tan personal y exclusivamente como nos ama a nosotros. Por eso, en la medida en que crece la intimidad con Dios, se profundiza en nosotros el sentido de responsabilidad con respecto a los demás. Se suscita en nosotros un deseo siempre mayor de acercar el mundo entero con todos sus sufrimientos y dolores al fuego divino que arde en nuestros corazones, y de compartir el calor revitalizante con cuantos quieran aceptarlo. Pero es precisamente este deseo el que requiere una paciencia profunda y fuerte. El pintor Vincent Van Gogh expresa poderosamente la disciplina de la oración paciente cuando escribe a su hermano Theo:

"Puede haber gran fuego en nuestra alma, aunque nadie se acerque a calentarse en él y los transeúntes sólo vean un hilito de humo que sale de la chimenea y sigan su camino. ¿Qué hemos de hacer, entonces? ¿Debe uno atender al fuego interior, tener sal en sí mismo, esperar todavía con gran impaciencia la hora en que alguien venga y se siente a su costado, quizá para quedarse? Deja a quien cree en Dios que espere la hora que ha de venir tarde o temprano."[14]

Una de las experiencias fuertes en una vida compasiva consiste en la expansión de nuestros corazones en el deseo de la salvación de todo el mundo, sin exclusión de nadie. Cuando, por la disciplina, hemos superado las presiones de nuestros impulsos impacientes a huir o pelear, a dejarnos vencer por el miedo o el enojo descubrimos un espacio sin límites en el que dar la bienvenida a todos los habitantes del mundo. La oración por los demás no ha de ser vista como un ejercicio extraordinario que haya de ser practicado de tanto en tanto. Al contrario, ella es el verdadero latido de un corazón compasivo. Orar por un amigo enfermo, por un estudiante deprimido, por un docente en conflicto; por personas presas, hospitalizadas, en guerra; por quienes son víctimas de la injusticia, tienen hambre, son pobres, están desamparados; por quienes arriesgan su carrera, su salud y hasta su vida en la lucha por la justicia social; por los jefes de la Iglesia y del Estado; orar por toda esta gente no es un esfuerzo inútil por influir sobre la voluntad divina, sino un gesto hospitalario por el que invitamos a nuestro prójimo a entrar al centro de nuestros corazones.

Orar por los otros significa hacerlos parte de nosotros mismos. Orar por los demás significa permitir que sus dolores y sufrimientos, sus ansiedades y soledades, su confusión y sus miedos resuenen en lo más íntimo de nosotros mismos. Orar es, así, convertirnos en aquellos por quienes oramos, convertirnos en el niño enfermo, la madre llena de miedo, el padre afligido, el adolescente nervioso, el estudiante rebelde y el huelguista frustrado. Orar es entrar en una profunda solidaridad con todo ser humano, de modo que en nosotros y a través de nosotros ellos puedan ser tocados por el poder sanante del Espíritu de Dios. Cuando, como discípulos de Cristo, podemos llevar las cargas de nuestros hermanos y hermanas, ser marcados por sus heridas y hasta ser quebrados por sus pecados, nuestra oración se convierte en su oración, nuestros gritos que solicitan compasión llegan a ser sus gritos. En la oración compasiva, traemos ante Dios a los que sufren no "por allá" o "hace tiempo" sino aquí y ahora en lo más profundo de nosotros mismos. Y así, en y a través de nosotros, los demás quedan restaurados; en y a través de nosotros, reciben nueva luz, nueva esperanza y nuevo coraje; en y a través de nosotros, el Espíritu de Dios los toca con su presencia sanante.

TAMBIÉN NUESTROS ENEMIGOS

La oración compasiva por nuestro prójimo ocupa un lugar central en la vida cristiana. Jesús subrayó el gran poder de la oración cuando dijo: "Todo cuanto pidan con fe en la oración, lo recibirán" (Mt 21, 22). Y el apóstol Santiago se hace eco de estas palabras fuertes cuando escribe: "La oración ferviente del justo tiene mucho poder" (St 5, 16). La oración compasiva es un distintivo de la comunidad cristiana. Los cristianos se nombran mutuamente en sus oraciones (cf. Rm 1, 9; 2 Co 1, 11; Ef 6, 8; Col 4, 3) y al hacerlo aportan ayuda y hasta salvación a aquellos por quienes oran (cf.15, 30; Flp 1, 19). Pero la prueba final de la oración compasiva está más allá de las oraciones por otros cristianos, miembros de la comunidad, amigos y parientes. Jesús lo dice sin ambigüedad alguna: "Pues yo les digo: amen a sus enemigos y rueguen por los que los persigan (Mt 5, 44); y en lo más hondo de su agonía en la cruz oró por quienes lo estaban matando: "Padre, perdónalos porque no saben lo que hacen" (Lc 23, 34). Aquí podemos ver el significado pleno que tiene la disciplina de la oración. La oración nos permite llevar hasta el centro de nuestros corazones no solamente a quienes amamos sino también a quienes nos odian. Ello sólo resulta posible cuando nosotros deseamos que nuestros enemigos formen parte de nosotros mismos y de este modo llevarlos antes que nada a nuestros propios corazones.

Lo primero que estamos llamados a hacer cuando pensamos en los demás como enemigos es orar por ellos. Esto no resulta fácil, por cierto. Requiere disciplina permitir a quienes nos odian o a aquellos hacia quienes tenemos sentimiento hostiles que lleguen hasta el centro íntimo de nuestros corazones. Quienes hacen difíciles nuestras vidas y nos causan frustración, dolor e incluso daño, difícilmente consiguen un lugar en nuestros corazones. No obstante esto, cada vez que superemos esta impaciencia con respecto a nuestros oponentes y querramos escuchar el grito de quienes nos persiguen, podremos reconocerlos como hermanos y hermanas también. Orar por nuestros enemigos es, por tanto, un verdadero acontecimiento, el acontecimiento de la reconciliación. Resulta imposible elevar a nuestros enemigos hasta la presencia de Dios y seguir odiándolos al mismo tiempo. Visto desde la oración, ni siquiera el dictador más inescrupuloso ni el torturador brutal pueden seguir apareciendo como objeto de miedo, odio y venganza, pues cuando oramos nos situamos en el centro del gran misterio de la compasión divina. La oración convierte al enemigo en amigo y así se da comienzo a una nueva relación. Probablemente no haya oración más poderosa que la oración por nuestros enemigos. Pero es también la oración más difícil, por ser la más contraria a nuestros impulsos. Esto explica por qué algunos santos consideran la oración por los enemigos como el supremo criterio de santidad.

Como discípulos del Señor compasivo, que asumió la condición de esclavo y sufrió la muerte por nosotros (cf. Flp 2, 7-8), nuestra oración no conoce fronteras. Dietrich Bonhoeffer expresa esto con poderosa simplicidad cuando escribe que orar por los demás es darles "el mismo derecho que nosotros hemos recibido, a saber, pararnos ante Cristo y tener parte en su misericordia."[15] Cuando comparecemos ante Dios con las necesidades del mundo, el amor sanante del Espíritu Santo que nos toca a nosotros toca también con el mismo poder a todos aquellos a quienes hemos traído a su presencia. La oración compasiva no alienta en nosotros el individualismo egoísta que rehuye o agrede a la gente. Por el contrario, la profundización de nuestra conciencia del sufrimiento que nos es común hace que la oración nos conduzca a todos juntos hacia la presencia sanante del Espíritu Santo.

FIELES A LA FRACCIÓN DEL PLAN

Como disciplina para vivir el momento pleno y reconocer en él la presencia sanante del Espíritu Santo, la oración encuentra su más profunda expresión en la fracción del pan. La íntima conexión entre compasión, oración y fracción del pan aparece clara en la descripción de la primera comunidad cristiana: "Acudían asiduamente a la enseñanza de los apóstoles, a la comunión, a la fracción del pan..., tomaban el alimento con alegría y sencillez de corazón. Alababan a Dios y gozaban de la simpatía de todo el pueblo" (Hch 2, 42-47). La fracción del pan está en el centro de la comunidad cristiana. Al partir el pan juntos, damos el más claro testimonio de carácter comunitario de nuestras oraciones. Así como el discipulado se manifiesta a sí mismo sobre todo como una nueva forma de convivencia, del mismo modo la disciplina de la oración se revela también a sí misma primaria y principalmente como una disciplina comunitaria. Es en la fracción del pan donde el Espíritu Santo, el Espíritu mandado por Cristo y por el Padre, se hace presente de un modo más tangible a la comunidad. La fracción del pan no es, pues, un momento en el que intentamos olvidar los dolores de la "vida real" e introducirnos en una ceremonia de ensueño, sino la articulación festiva de lo que sentimos que es el centro de nuestras vidas.

Cuando partimos el pan juntos, nos revelamos mutuamente la auténtica historia de la vida de Cristo y de nuestras vidas en Él. Jesús tomó el pan, lo bendijo, lo partió y lo dio a sus amigos. Hizo esto también cuando vio una multitud hambrienta y sintió compasión por ella (cf. Mt 14, 19; 15, 36); lo hizo la noche previa a su muerte, cuando quiso despedirse (cf. Mt 26, 16); lo hizo también cuando se dio a conocer a los dos discípulos a los que se unió en el camino de Emaús (cf. Lc 24, 30). Y desde su muerte, los cristianos lo han hecho en memoria suya. De este modo, la fracción del pan es la celebración, la actualización de la historia de Cristo como historia nuestra. En el tomar, bendecir, partir y dar el pan, queda expresado del modo más sucinto el misterio de la vida de Cristo. El padre tomó a su Hijo único y lo mandó al mundo para que por medio de Él el mundo fuera salvado (cf. Jn 3, 17). En el río Jordán y sobre el monte Tabor lo bendijo con estas palabras: "Éste es mi Hijo amado, en quien me complazco... escúchenlo" (Mt 3, 17; 17, 5). El bendito fue quebrantado sobre una cruz, "herido por nuestras rebeldías, molido por nuestras culpas" (Is 53, 5). Pero por su muerte se nos dio a sí mismo como nuestra comida, cumpliendo así las palabras que había dicho a sus discípulos en la última cena: "Éste es mi cuerpo que va a ser entregado por ustedes" (Lc 22, 19).

Jesús nos quiere hacer participar en esta vida tomada, bendecida, partida y entregada. Por eso, mientras partía el pan con sus discípulos, dijo: "Hagan esto en recuerdo mío" (Lc 22, 19). Cuando comemos y bebemos vino juntos en memoria de Cristo, quedamos íntimamente ligados a su propia vida compasiva. De hecho nos *hacemos* su vida y quedamos así capacitados para re-presentar su vida en nuestro tiempo y espacio. Nuestra compasión resulta ser una manifestación de la compasión de Dios vivida en todos los tiempos y lugares. La fracción de pan conecta nuestras vidas quebrantadas con la vida de Dios en Cristo, transforma nuestro quebrantamiento, de modo que ya no conduzca a la fragmentación sino a la comunidad y al amor. Las heridas que constituyen el comienzo del proceso de decadencia han de permanecer ocultas, pero las heridas que han resultado ser lugares de acceso a una vida nueva pueden ser celebradas como nuevos signos de esperanza. Precisamente por esta razón la compasión, el sufrir juntos, puede ser celebrada en la oración comunitaria.

Al partir el pan juntos, rescatamos nuestra propia condición quebrantada en vez de negar su realidad. Nos damos cuenta más que nunca de que hemos sido tomados, puestos aparte como testigos de Dios; de que hemos sido bendecidos con palabras y gestos de gracia; y de que somos rotos, no por venganza o crueldad, sino para convertirnos en pan que pueda ser dado a otros como alimento. Cuando dos, tres, diez, cien o mil personas comen el mismo pan y beben de la misma copa, quedando así unidas a la quebrantada y derramada vida de Cristo, descubren que sus propias vidas son parte de esta única vida y de este modo se reconocen mutuamente como hermanos y hermanas.

Quedan muy pocos lugares en el mundo en los que nuestra humanidad compartida pueda ser ensalzada y celebrada, pero cada vez que nos reunimos alrededor de los sencillos signos del pan y del vino derribamos muchas barreras y esclarecemos las intenciones de Dios hacia la familia humana. Y cada vez que esto ocurre somos llamados a preocuparnos no sólo de nuestro mutuo bienestar sino también del bienestar de toda la gente en nuestro mundo.

Así, la fracción del pan se convierte en una expresión de solidaridad con todos los que sufren, estén cerca o lejos. Esto lleva no a formar camarillas, sino, por el contrario, a abrirnos al conjunto de la humanidad. Esto nos pone en contacto con gente cuyos cuerpos y mentes han sido rotos por la opresión y la tortura y cuyas vidas han sido destrozadas en las prisiones de este mundo. Nos pone en contacto con hombres, mujeres y niños cuya belleza física, mental y espiritual no termina de germinar por falta de comida y amparo. Nos pone en contacto con los moribundos sobre las calles de Calcuta y con los solitarios en los rascacielos de Nueva York. Nos relaciona con personas como Sheila Cassidy en Inglaterra, Mairhead Corrigan y Betty Williams en Irlanda del Norte, Kim Chi Ha en Corea, Molly Rush en los Estados Unidos, Jean Vanier en Francia y muchos otros en el mundo entero cuyos reclamos de justicia precisan ser escuchados.

Estas conexiones son en verdad "conexiones de pan" que nos desafían a trabajar con todas nuestras fuerzas por el pan cotidiano de todos. De este modo, nuestra oración en común se transforma en trabajo compartido, y el llamado a partir el mismo pan se convierte en un llamado a la acción.

IX
Acción

AQUÍ Y AHORA

Si la insistencia en la oración fuera un escape del compromiso directo con las muchas necesidades y dolores de nuestro mundo, entonces nunca sería una auténtica disciplina de la vida compasiva. La oración requiere de nosotros que estemos completamente conscientes del mundo en que vivimos y que lo presentemos a Dios con todas sus necesidades y dolores. Y semejante oración compasiva nos lanza a una oración compasiva. El discípulo es llamado no sólo a seguir a Jesús al desierto y a la montaña para orar sino también al valle de lágrimas, en que se precisa ayuda, y a la cruz, donde la humanidad está en agonía. Por tanto, la oración y la acción no pueden ser vistas nunca como contradictorias o mutuamente excluyentes. La oración sin acción se convierte en un pietismo sin vigor y la acción sin oración degenera en manipulación cuestionable. Si la oración nos lleva a una más profunda unidad con el Cristo compasivo, nos llevará también a asumir actos concretos de servicio. Y si los actos concretos de servicio nos llevan realmente a una más profunda solidaridad con los pobres, los hambrientos, los enfermos, los moribundos y los oprimidos, nos llevarán también a la oración. En la oración encontramos a Cristo y en Él todo el sufrimiento humano. En el servicio encontramos a la gente y en ella a Cristo sufriente.

La disciplina de la paciencia se revela no sólo en el modo como oramos sino también en el modo como actuamos. Tanto nuestros actos como nuestras oraciones están llamados a ser una manifestación de la presencia del Dios compasivo en medio de nuestro mundo. Las acciones pacientes son acciones por medio de las cuales el amor sanante, consolador, reconfortante, reconciliador y unificante de Dios puede tocar el corazón de la humanidad. Hay acciones que dejan traslucir la plenitud del tiempo y que permiten que la justicia y la paz de Dios guíen nuestro mundo. Hay acciones por las que la Buena Nueva llega a los pobres, la libertad a los presos, nueva vista para los ciegos, libertad para los oprimidos y se proclama el año de gracia del Señor (cf. Lc 4, 18-19). Hay acciones que eliminan el miedo, la sospecha y la ansiosa competencia por el poder que causa una creciente escalada armamentista, una profundización de la brecha entre ricos y pobres y una intensificada crueldad entre los poderosos y los débiles. Hay acciones que llevan a la gente a escucharse mutuamente, a hablar con otros y a curarse mutuamente sus heridas. En pocas palabras: hay acciones que se fundamentan en la fe que conoce la presencia de Dios en nuestras vidas y que quiere que esta presencia sea sentida por los individuos, las comunidades, las sociedades y las naciones.

La acción paciente es una dura disciplina. A menudo nuestras vidas están tan sobrecargadas que necesitamos toda nuestra energía para llegar al final del día. Entonces resulta duro valorar el momento presente y sólo nos queda soñar con un futuro en el que todo será distinto. Queremos marcharnos del momento presente lo más rápidamente posible y crear una nueva situación en la que los dolores actuales estén ausentes. Pero una acción así de impaciente nos impide reconocer las posibilidades del momento y, de esa forma, nos lleva a un fanatismo intolerante. La acción, para ser una disciplina de la compasión, requiere la voluntad de responder a las muy concretas necesidades del momento.

EL *TEST* DE CREDIBILIDAD

Probablemente ningún autor del Nuevo Testamento es tan explícito sobre la importancia de los actos concretos de servicio como Santiago. Escribe: "La religión pura e intachable ante Dios Padre es ésta: visitar a los huérfanos y a las viudas en su tribulación y conservarse incontaminado del mundo" (St 1, 27). Con notable ironía, Santiago muestra a las "doce tribus de la dispersión" —esto es, a los judeocristianos esparcidos por todo el mundo grecorromano— la importancia de los actos concretos de servicio.

"De qué sirve, hermanos míos, que alguien diga: 'Tengo fe', si no tiene obras? ¿Acaso podrá salvarlo la fe? Si un hermano o una hermana están desnudos y carecen de sustento diario, y alguno de ustedes le dice: 'Váyanse en paz, caliéntense y hártense', pero no les dan lo necesario para el cuerpo, ¿de qué le sirve? Así también la fe, si no tiene obras, está realmente muerta" (St 2, 14-17).

Santiago llega hasta instruir a sus lectores sobre cómo han de hablar con quienes piensan que basta con tener fe.

"Y al contrario, alguno podrá decir: '¿Tú tienes fe?; pues yo tengo obras. Pruébame tu fe sin obras y yo te probaré por las obras mi fe. ¿Tú crees que hay un solo Dios? Haces bien. También los demonios lo creen y tiemblan. ¿Quieres saber tú, insensato, que la fe sin obras es estéril?' " (St 2, 18-20).

Tras mostrar cómo en las vidas de Abraham y Rahab la fe y las obras iban juntas, Santiago concluye: "Porque así como el cuerpo sin espíritu está muerto, así también la fe sin obras está muerta" (St 2, 26).

Es claro que Santiago no hace otra cosa que subrayar en un

nuevo contexto la insistencia de Jesús sobre los actos concretos de servicio. Cuando los discípulos de Juan el Bautista preguntan a Jesús si es "el que ha de venir", Jesús se remite a sus acciones: "Los ciegos ven, los cojos andan, los leprosos quedan limpios, los sordos oyen, los muertos resucitan, se anuncia a los pobres la Buena Nueva" (Lc 7, 22-23). Sus acciones son la fuente de la que brota su credibilidad. Y lo mismo sigue siendo verdad en el caso de sus discípulos. Jesús quieren que sean hombres de acción. Dejó pocas dudas sobre lo que pensaba al respecto: "... el que haya oído y no haya puesto en práctica, es semejante a un hombre que edificó una casa sobre tierra, sin cimientos, contra la que rompió el torrente y al instante se desplomó, y fue grande la ruina de aquella casa" (Lc 6, 49).

Jesús subraya persistentemente que el *test* del verdadero discipulado no radica en las palabras sino en las acciones. "No todo el que diga: 'Señor, Señor', entrará en el Reino de los Cielos, sino el que haga la voluntad de mi Padre celestial" (Mt 7, 21). En realidad, la oración está llamada a dar frutos específicos. Y así el criterio final para valorar la vida cristiana no es la oración sino la acción. En el mundillo "palabrero" de profesores, maestros, escribas y fariseos, Jesús quería que sus discípulos descubrieran por sí mismos que las solas palabras no los introducirían en el Reino.

"Pero ¿qué les parece? Un hombre tenía dos hijos. Llegándose al primero le dijo: 'Hijo, vete hoy a trabajar en la viña.' Y él respondió: 'No quiero', pero después se arrepintió y fue. Llegándose al segundo, le dijo lo mismo. Y él respondió: 'Voy, Señor', y no fue. ¿Cuál de los dos hizo la voluntad del padre? El primero, le dicen" (Mt 22, 28-31).

Pero si todavía quedaba algún resto de duda en sus mentes, Jesús la elimina describiendo el Juicio final, en el que los actos concretos de compasión resultan ser signo irrefutable de la "religión intachable" (Santiago). Posiblemente no haya lugar del Nuevo Testamento en que nos sea presentada con tanta claridad la importancia de la disciplina de la acción:

"Cuando el Hijo del hombre venga en su gloria acompaña-
do de todos sus ángeles, entonces se sentará en su trono de gloria. Serán congregadas delante de él todas las naciones, y él se-
parará a los unos de los otros, como el pastor separa las ovejas
de los cabritos. Pondrá las ovejas a su derecha, y los cabritos a
su izquierda. Entonces, dirá el Rey a los de su derecha: 'Ven-
gan, benditos de mi padre, reciban la herencia del Reino preparado para ustedes desde la creación del mundo. Porque tuve
hambre y me dieron de comer; tuve sed y me dieron de beber;
era forastero y me acogieron; estaba desnudo y me vistieron;
enfermo y me visitaron, en la cárcel, y vinieron a verme.' Entonces los justos le responderán: 'Señor, ¿cuándo te vimos hambriento, y te dimos de comer; o sediento, y te dimos de beber?
¿Cuándo te vimos forastero, y te acogimos; o desnudo, y te ves-
timos? ¿Cuándo te vimos enfermo o en la cárcel, y fuimos a
verte?, y el Rey les dirá: 'En verdad les digo que cuanto hicieron a uno de estos hermanos míos más pequeños, a mí me lo
hicieron.' Entonces dirá también a los de su izquierda: 'Apár-
tense de mí, malditos, al fuego eterno preparado para el Diablo
y sus ángeles. Porque tuve hambre y no me dieron de comer;
tuve sed y no me dieron de beber; era forastero y no me acogieron; estaba desnudo y no me vistieron; enfermo y en la cárcel, y no me visitaron.' Entonces dirán también éstos: 'Señor,
¿cuándo te vimos hambriento o sediento o forastero o desnudo o enfermo o en la cárcel, y no te asistimos?' Y él entonces
les responderá: "En verdad les digo que cuanto dejaron hacer
con uno de estos más pequeños, también conmigo dejaron de
hacerlo.' E irán éstos a un castigo eterno, y los justos a una vida eterna" (Mt 25, 31-46).

Esta escena dramática dibuja con claridad el sentido de la
disciplina de la acción. La acción con y por los que sufren es la
expresión concreta de la vida compasiva y el criterio final para
ser un cristiano. Hechos de este tipo no son paralelos a los momentos de oración y de culto, sino que ellos mismos son momentos de oración y culto. ¿Por qué? Porque Jesucristo, que no
se aferró a su divinidad sino que se hizo como nosotros, pue-

de ser encontrado dondequiera que encontramos hambrientos, sedientos, marginados, desnudos, enfermos, presos. Justamente cuando vivamos una creciente intimidad con Cristo y dejemos a su Espíritu que guíe nuestras vidas, lo reconoceremos en el pobre, el oprimido y el decaído, y podremos oír su grito y responderle en cualquier lugar en que se nos manifieste. De este modo, la oración y la acción son dos aspectos de la disciplina de la paciencia. Ambas requieren que nos hagamos presentes en el mundo del sufrimiento aquí y ahora, y que respondamos a las necesidades específicas de quienes construyen nuestro mundo, un mundo reclamado por Jesucristo como suyo. De este modo, el culto se convierte en ministerio y el ministerio en culto, y todo cuanto decimos o hacemos, pedimos o damos se convierte en un estilo de vida en el que la compasión de Dios puede automanifestarse.

LA TENTACIÓN DEL ACTIVISMO

Los discípulos hablan de sus acciones como de manifestaciones de la presencia activa de Dios. Actúan no para demostrar su propio poder, sino para mostrar el poder de Dios; no actúan para redimir a la gente, sino para revelar la gracia redentora de Dios; no actúan para crear un mundo nuevo, sino para abrir los corazones y los oídos a Aquel que está en el trono y dice: "Mira que hago un mundo nuevo" (Ap 21, 5).

En nuestra sociedad, que iguala valía y productividad, la acción paciente es muy difícil. Tendemos a preocuparnos tanto en hacer algo valioso, provocando cambios, planificando, organizando, estructurando y reestructurando, que a menudo parecemos olvidar que no somos nosotros quienes redimimos, sino Dios. Estar ocupados, "donde hay acción" y "donde se deciden las cosas", parece haberse convertido a menudo en un fin en sí mismo. Hemos olvidado entonces que nuestra vocación no es hacer visibles nuestros poderes sino la compasión de Dios.

La acción como modalidad de vida compasiva resulta una disciplina tan difícil precisamente porque estamos muy necesitados de reconocimiento y aceptación. Esto tiende a llevarnos necesariamente a actuar al dictado de la expectativa de que nosotros podremos ofrecer algo "novedoso". En una sociedad tan aficionada a nuevos encuentros, tan deseosa de nuevos acontecimientos y tan hambrienta de nuevas experiencias, es difícil librarse de la seducción del activismo impaciente. Frecuentemente, casi ni nos damos cuenta de esta seducción, en especial cuando lo que estamos haciendo es tan evidentemente "bueno y religioso". Pero hasta la implementación de un programa de ayuda, el dar de comer a los hambrientos y el ayudar a los enfermos puede ser más una expresión de nuestras propias necesidades que del llamado de Dios.

Pero no seamos demasiado moralistas sobre este punto: nunca podremos exigir motivaciones absolutamente puras, y es mejor trabajar con y por aquellos que sufren que esperar a tener las propias necesidades bajo control. De todos modos, es importante permanecer críticos respecto a nuestras tendencias activistas. Cuando nuestras propias necesidades comienzan a dominar nuestra actividad, el servicio a largo plazo se nos hace difícil y rápidamente nos cansamos, nos desanimamos y nos amargamos a causa de nuestros esfuerzos.

El recurso más importante para neutralizar la constante tentación a dejarnos arrastrar por el activismo consiste en saber que en Cristo todo ha sido cumplido. Este saber ha de ser entendido no como una intuición de tipo intelectual sino como una comprensión de fe. En la medida en que actuamos como si la salvación del mundo dependiera de nosotros, perdemos la fe, que es la que puede mover montañas. En Cristo, el sufrimiento y el dolor humano ya han sido sufridos y aceptados; en Él nuestra quebrantada humanidad ya ha sido reconciliada y llevada a la intimidad de la relación entre el Padre y el Hijo. Nuestra actividad, pues, ha de ser entendida como una disciplina por la que nosotros hacemos visible lo que ya ha sido realizado. Una actividad así está basada en la fe de que caminamos sobre suelo firme aun cuando estamos rodeados por el caos, la confusión, la violencia y el odio.

Una mujer que durante muchos años había trabajado en Burundi nos proporciona un ejemplo conmovedor al respecto. Un día presenció una cruel guerra tribal que destruyó todo cuanto ella y sus colaboradores habían edificado. Mucha gente inocente que ella amaba tiernamente fue asesinada ante sus propios ojos. Más tarde pudo decir que la conciencia de que todo este sufrimiento había sido cumplido ya en Cristo la libró de un colapso mental y emocional. Su comprensión profunda del acto salvífico de Dios la hizo capaz de no marcharse, sino de quedarse trabajando en medio de una miseria indescriptible y de mirar la situación real con ojos y oídos abiertos. Su actividad no fue simplemente un intento de reconstruir y así superar los males que había presenciado, sino un recordatorio para su gente de que Dios no es un Dios de odio y violencia sino un Dios de ternura y compasión. Tal vez sólo quien haya sufrido mucho podrá entender lo que significa que Cristo haya sufrido nuestros dolores y realizado nuestra reconciliación sobre la cruz.

NO SIN ENFRENTAMIENTO

Pero el activismo no es la única tentación que requiere disciplina. La actividad impaciente no sólo arrastra a personas sobrecargadas de trabajo y demasiado comprometidas, sino que también tiende a sentimentalizar la compasión. Por eso, el sentimentalismo es otra tentación frente a la cual necesitamos de la disciplina de la acción. Cuando lo que ante todo nos interesa es ser queridos, aceptados, alabados o premiados, nos volvemos muy selectivos en lo que hacemos o no hacemos. Tendemos, entonces, a limitarnos a aquellas actividades que suscitan respuestas simpáticas. Y aquí tocamos un aspecto de la compasión que muy pocas veces reconocemos como tal: el enfrentamiento. En nuestra sociedad, la disciplina de la acción requiere frecuentemente el coraje para el enfrentamiento.

Estamos inclinados a asociar la compasión con actividades que curan las heridas y alivian los dolores. Pero en una época en la que mucha gente no puede ejercer sus derechos humanos, hay millones de hambrientos y toda la raza humana vive bajo la amenaza del holocausto nuclear, la actividad compasiva significa mucho más que ofrecer ayuda a los que sufren. El poder del mal ha llegado a estar tan abiertamente visible en las estructuras individuales y sociales que dominan sus vidas, que sólo el enfrentamiento fuerte y sin ambages puede contestarlo. La compasión no excluye el enfrentamiento. Al contrario, el enfrentamiento es parte integral de la compasión. En realidad, el enfrentamiento puede ser una auténtica expresión de compasión. Toda la tradición profética esclarece esto y Jesús no es una excepción. Por desgracia, Jesús ha sido presentado por mucho tiempo como una persona tan mansa y suave, que difícilmente nos damos cuenta de lo distinto que lo pintan los Evangelios.

En la película de Pasolini *El Evangelio según Mateo* nos topamos con un profeta agresivo y ácido que no evita irritar a la gente y que a la vez parece sugerir una respuesta negativa. Aunque esta representación de Pasolini es unilateral, no cabe duda de que nos hace recordar otra vez las muchas ocasiones en que Jesús se puso en actitud de enfrentamiento y lo poco que le preocupaba resultar discreto y amable con la gente.

El enfrentamiento honesto y directo es una expresión auténtica de la compasión. Como cristianos, estamos *en* el mundo con gente *del* mundo. Es precisamente esta situación la que hace posible y necesario el enfrentamiento. La ilusión del poder ha de ser desenmascarada, la idolatría tiene que ser deshecha, la explotación y la opresión tienen que ser resistidas, y todos los que toman parte en estas maldades han de ser enfrentados. Esto es compasión. No podemos sufrir con el pobre mientras nos mostramos renuentes en enfrentar a quienes causan la pobreza, sean personas o sistemas. No podemos liberar a los cautivos si al mismo tiempo no queremos enfrentarnos con quienes tienen las llaves de las prisiones. No podemos mostrarnos solidarios con los oprimidos mientras no queremos enfrentar a los opresores. La compasión sin enfrentamiento se marchita rápidamente y queda en infructuosa conmiseración sentimental.

Pero si el enfrentamiento ha de ser una expresión de la actividad paciente, debe ser humilde. Nuestra constante tentación es caer en una venganza justificada y en una condenación egoísta. El peligro radica, en este caso, en que nuestro propio testimonio nos puede cegar. Cuando el enfrentamiento se ve teñido de deseos de llamar la atención, de necesidad de venganza o de avaricia de poder, fácilmente puede convertirse en egoísta, dejando de ser compasivo.

No es fácil el enfrentamiento compasivo. El fariseísmo ronda siempre alrededor de nosotros y la cólera violenta es una tentación real. El mejor criterio para determinar si nuestro enfrentamiento es compasivo y no agresivo y nuestro enojo justificado y no farisaico quizás sea preguntarnos a nosotros mismos si podríamos ser enfrentados de este modo. ¿Somos capaces de aprender de la indignación dirigida contra nosotros? Cuando seamos capaces de ser enfrentados con un NO por parte de los otros, también nosotros seremos capaces de enfrentarnos con un NO. Cuando decimos NO al mal y a la destrucción, conscientes de que éstos también están en nuestro corazón, entonces nuestro NO es humilde. Cuando decimos NO con humildad, este NO es incluso un llamado a nuestra propia conversión. Decir NO a la injusticia racial es un llamado a mirar de frente nuestra propia intolerancia y decir NO al hambre en el mundo es un llamado a reconocer nuestra falta de pobreza. El NO a la guerra nos exige terminar con nuestra propia violencia y agresividad y el NO a la violencia y a la tortura nos fuerza a vérnosla directamente con nuestras propias faltas de sensibilidad. Y de este modo, nuestros NO se convierten en desafíos a purificar nuestros corazones.

En este sentido, el enfrentamiento siempre implica autoenfrentamiento. Este autoenfrentamiento impide que nos alejemos del mundo al que enfrentamos. Thomas Merton dijo esto con claridad al escribir:

"El mundo como puro objeto es algo que no existe. No es una realidad exterior a nosotros por la cual existamos... Es un misterio viviente y autocreador del que yo mismo soy una parte, y hacia el que no tengo otra puerta que yo mismo. Cuando encuentro el mundo en mi propio fundamento, resulta imposible alienarse de él."[16]

Encontramos aquí una clave para un enfrentamiento compasivo. El mal que ha de ser enfrentado y combatido tiene un cómplice en el corazón humano, incluido el nuestro también. Por eso, cada intento por enfrentar el mal que hay en el mundo implica el reconocimiento de dos frentes de batalla: uno externo y otro interno. Estos dos niveles nunca han de ser separados si es que el enfrentamiento ha de llegar a ser y permanecer compasivo.

EN GRATITUD

Sea que enfrenten el mal en el mundo o que apoyen el bien, las acciones disciplinadas se caracterizan siempre por ser agradecidas. La cólera puede hacernos actuar y hasta liberar en nosotros mucha energía creadora. Pero no por mucho tiempo. Los activistas sociales de los años sesenta, que permitieron a su rabia alimentar su actividad, muy pronto se encontraron quemados. Frecuentemente llegaron a un estado de agotamiento físico y mental y a necesitar de psicoterapia o una "nueva espiritualidad". Para perseverar sin éxito visible, se necesita un espíritu de gratitud. Una acción airada nace de la experiencia de estar siendo lastimado; una acción agradecida nace de la experiencia de curación. Las acciones airadas quieren apoderarse; las acciones agradecidas quieren compartir. La gratitud es la marca de la acción asumida como una parte de la disciplina de la paciencia. Es una respuesta a la gracia. No nos lleva a conquistar ni a destruir sino a hacer visible un bien que ya está presente.

Por eso, una vida compasiva es una vida agradecida y las acciones nacidas de la gratitud no son compulsivas sino libres, no son tristes sino alegres, no son fanáticas sino liberadoras. Cuando la gratitud es la fuente de nuestras acciones, nuestro dar se convierte en recibir y aquellos a quienes nosotros servimos se convierten en nuestros servidores, porque en el centro mismo de nuestro cuidado por los demás sentimos una presencia solícita, y en medio de nuestros esfuerzos sentimos un apoyo reanimante. Cuando pasa esto, podemos seguir contentos y en paz aun cuando tengamos pocos éxitos de los que alardear.

Un bello ejemplo de esta actitud fue dado por César Chávez y su personal cuando fueron vencidos tras una larga campaña en favor de la Proposición 14, que trata de asegurar el derecho de los obreros campesinos a organizarse. En vez de tener un sentimiento de depresión, tenía en sentimiento de fiesta. En vez de un sentimiento de derrota, lo tenía de victoria. Un periodista perplejo escribió: "Si cuando pierden lo celebran con semejantes fiestas gozosas, ¿qué será cuando ganen?" Lo que quedó en claro fue que César Chávez y muchos hombres y mujeres que se le unieron en la campaña en favor de la Proposición 14 estaban tan convencidos de la justicia de su actividad, que el resultado final llegó a ser secundario en comparación con la actividad en sí misma. Habían realizado largas jornadas de oración y ayuno para mantener verídica y honesta la campaña. Tuvieron horas de canto, de lectura de la Palabra y de partir juntos el pan para recordarse unos a otros que el fruto de toda actividad viene de Dios. Y cuando finalmente la actividad fracasó y no se dio el resultado esperado, la gente no perdió la esperanza y el coraje, sino que simplemente decidió intentarlo de nuevo la próxima vez. Mientras tanto, tuvieron la experiencia de una comunión profunda entre ellos, conocieron a mucha gente generosa y recibieron una penetrante sensación de la presencia de Dios en medio de ellos. Sentían, pues, que había motivo para celebrar y estar agradecidos. Por eso, nadie volvió a su casa abatido. Todos tenían una historia que contar, la historia de la experiencia de la compasión de Dios cuando la gente se reúne en su nombre.

La gratitud es efectivamente un indicio cierto de que la actividad está regida por la disciplina de la paciencia. Aun cuando no se den resultados concretos, la actividad en sí misma puede quedar como una revelación de la presencia solícita de Dios aquí y ahora. Una actividad así es una actividad auténtica porque nace de la conciencia de la presencia activa de Dios. No brota de la necesidad de probar algo o convencer a alguien, sino del deseo de dar testimonio con libertad de lo que es profundamente real. Es lo que hallamos del modo más potente en las palabras de san Juan:

> *"Lo que existía desde el principio,*
> *lo que hemos oído,*
> *lo que hemos visto con nuestros ojos,*
> *lo que contemplamos*
> *y tocaron nuestras manos*
> *acerca de la Palabra de vida*
> *—porque la Vida se manifestó*
> *y nosotros la hemos visto y damos testimonio*
> *y les anunciamos la vida eterna,*
> *que estaba vuelta hacia el Padre y que se nos*
> *manifestó—,*
> *lo que hemos visto y oído,*
> *se lo anunciamos*
> *para que también ustedes estén en comunión*
> *con nosotros.*
> *Y nosotros estamos en comunión con el Padre*
> *y con su Hijo Jesucristo.*
> *Les escribimos esto*
> *para que su gozo sea completo"*

(1 Jn 1, 1-4).

Estas palabras son la más elocuente formulación del sentido de la acción compasiva. Es la manifestación libre, gozosa y sobre todo agradecida de un encuentro que ha ocurrido. La energía enorme con la que Juan, Pedro, Pablo y todos los discípulos "conquistaron" su mundo con el mensaje de Jesucristo provino de este encuentro. No precisaban convencerse a sí mismos o a los demás de que estaban haciendo algo bueno; no tenían la menor duda sobre el valor de su trabajo; no abrigaban la menor duda sobre la conveniencia de su actividad. No podían hacer otra cosa que hablar de Él, alabarlo, agradecerle y darle culto, porque se trataba de Aquel a quien habían escuchado, visto y tocado. No podían sino llevar luz a los ciegos, libertad a los cautivos y a los oprimidos, porque lo encontraban de nuevo. No podían sino convocar a la gente a unirse en una nueva hermandad, porque así Él estaba en medio de ellos. Desde que Jesús se ha convertido en su verdadera vida, su verdadero asunto, su verdadera compasión y su verdadero amor, la vida se ha convertido para ellos en actividad y todo en la vida ha pasado a ser una creciente expresión del agradecimiento hacia Dios por haberse dado a sí mismo como regalo.

Éste es el sentido más profundo de la actividad compasiva. Es la expresión agradecida, libre y gozosa del gran encuentro con el Dios compasivo. Y será fructífera, aun cuando no podamos ver cómo ni por qué. En y a través de una actividad semejante, constatamos que realmente todo es gracia y que nuestra única respuesta posible es la gratitud.

Conclusión

La gran noticia que hemos recibido es que Dios es un Dios compasivo. En Jesucristo, el Siervo obediente que no se aferró a su divinidad sino que se vació a sí mismo y se hizo como nosotros, Dios ha revelado la plenitud de su compasión. Él es Emmanuel, el Dios-con-nosotros. El gran llamado que hemos escuchado es que vivamos una vida compasiva. En la comunidad formada en el desplazamiento y que conduce a una nueva forma de estar juntos, podemos llegar a ser discípulos, manifestaciones vivientes de la presencia de Dios en este mundo. La gran tarea que se nos ha encomendado es recorrer el camino de la compasión. Por medio de la disciplina de la paciencia, practicada en la oración y en la acción, la vida de discipulado se hace real y fructífera.

Mientras vivamos sobre la Tierra, nuestras vidas cristianas han de estar marcadas por la compasión. Pero no debemos terminar estas reflexiones sobre la compasión sin anotar que la vida compasiva no constituye nuestra meta final. De hecho, sólo podemos vivir la vida compasiva hasta las últimas consecuencias cuando sabemos que ella apunta hacia más allá de sí misma. Sabemos que quien se vació a sí mismo y se humilló ha sido exaltado y ha recibido un nombre que está sobre todo nombre y sabemos asimismo que nos dejó para ir a prepararnos un lugar en el que el sufrimiento será vencido y la compasión ya no será necesaria. Hay un Cielo nuevo y una Tierra nueva que nosotros esperamos con paciente expectación. Ésta es la visión presentada en el Apocalipsis:

"Luego vi un cielo nuevo y una tierra nueva —porque el primer cielo y la primera tierra desaparecieron, y el mar no existe ya—. Y vi la Ciudad Santa, la nueva Jerusalén, que bajaba del Cielo, de junto a Dios, engalanada como una novia ataviada para su esposo. Y oí una fuerte voz que decía desde el trono: 'Ésta es la morada de Dios con los hombres. Pondrá su morada entre ellos y ellos serán su pueblo y él, Dios-con-ellos, será su Dios. Y enjugará toda lágrima de sus ojos, y no habrá ya muerte ni habrá llanto, ni gritos ni fatigas, porque el mundo viejo ha pasado'" (Ap 21, 1-4).

Ésa es la visión que nos guía en nuestro camino. Esta visión nos hace compartir mutuamente las cargas, llevar juntos nuestras cruces y unirnos en procura de un mundo mejor. Esta visión le quita desesperación a la muerte y morbosidad al sufrimiento, abriendo nuevos horizontes. Esta visión nos proporciona también las fuerzas para manifestar su primera realización en medio de las complejidades de la vida. La visión se ubica, por supuesto, en el mundo futuro. Pero no es una utopía. El futuro ya ha comenzado y se manifiesta cada vez que los forasteros son bien recibidos, los desnudos son vestidos, los enfermos y presos son visitados y la opresión es suprimida. A través de estas acciones agradecidas, pueden vislumbrarse los primeros rayos del nuevo Cielo y la nueva Tierra.

En la ciudad nueva, Dios vivirá entre nosotros, pero ya ahora, cada vez que dos o tres se reúnen en el nombre de Jesús, está en medio de nosotros. En la ciudad nueva desaparecerá toda lágrima, pero cada vez que la gente come pan y bebe vino en su memoria las sonrisas hacen su aparición sobre las caras tersas. En la ciudad nueva toda la Creación será renovada, pero cada vez que son derribados los muros de las prisiones, la pobreza expulsada y las heridas cuidadosamente atendidas, la Tierra vieja empieza ya a ceder su lugar a la nueva. Por medio de la actividad compasiva, lo viejo ya no es sólo lo viejo ni el dolor es solamente dolor. Aunque todavía esperamos con expectación, los primeros signos de la nueva Tierra y el nuevo Cielo que nos han sido prometidos y que constituyen el objeto de nuestra esperanza, nos resultan ya visibles en la comunidad de fe en la que el Dios compasivo se revela a sí mismo. Éste es el fundamento de nuestra fe, la base de nuestra esperanza y la fuente de nuestro amor.

Epílogo

Los dibujos de este libro pueden resultar más importantes que lo escrito en él. Por eso no cerraremos el libro sin relatar la historia dolorosa que los hizo nacer.

Mientras escribíamos, estábamos obsesionados por un interrogante: ¿Somos nosotros, los bien alimentados, bien vestidos, bien alojados, bien protegidos, quienes hemos de escribir sobre la compasión? ¿Podemos pretender que sabemos lo que es el sufrimiento y podemos solidarizarnos, con sinceridad, con quienes tienen sus vidas literalmente deshechas? Aunque tratábamos de no dejarnos paralizar por el sentimiento de culpabilidad, sino explorar en cambio lo más sinceramente posible nuestra propia experiencia espiritual limitada, seguíamos todavía penosamente conscientes de los gritos de agonía de millones de personas sometidas a cruel opresión. Mientras trabajábamos en este libro, leíamos sobre familias que morían de hambre y de frío, oíamos hablar de la matanza sistemática de tribus indígenas y nos encontrábamos cada día con que eran apresados y torturados hombres, mujeres e incluso niños en todo el mundo. A veces estas noticias nos afectaban tanto que estábamos tentados de abandonar la redacción del libro y escondernos con lágrimas de vergüenza. No obstante, nos mantuvimos firmes resistiendo la tentación, con la esperanza de que nuestro escrito fuese no una expresión de hipocresía sino el deseo sincero de participar en el enfrentamiento y la erradicación de las enormes injusticias que hay en el mundo.

En medio de este mar de dudas, del trasfondo nublado de nuestros sentimientos ambiguos emergió un hombre y se nos presentó como delegado del mundo que parecía acusarnos. Su nombre es Joel Filártiga, un médico que vive y trabaja con los más pobres de los pobres en Paraguay. Con su mujer, Nidia, y la ayuda de sus hijos, atiende una pequeña policlínica en Ybyqui, una población a dos horas en auto de la capital, Asunción. Allí va la gente de muy lejos, a pie o en carros tirados por caballos, para solicitar ayuda en sus muchas enfermedades. Joel entiende a su gente. No sólo sabe de las enfermedades de sus cuerpos, sino que siente profundamente las aflicciones de sus almas. Habla su idioma, el guaraní, escucha sus relatos sobre sus luchas prolongadas y sufre de corazón con ellos. Mientras escucha los gritos que salen de sus almas, agarra su lápiz y dibuja, dibuja, dibuja. De sus manos han brotado dibujos impresionantemente fuertes en los que la agonía del pueblo paraguayo es expresada y alzada como una indignada protesta. A través de su arte, Joel Filártiga ha llegado a ser uno de los más audaces defensores de los pobres y uno de los críticos más agudos del régimen opresor de Stroessner. A través de su arte, ha llegado a ser mucho más que un competente médico de campaña. Se ha convertido en un hombre que, con sus lápices y pinceles, puede llegar a protestar mucho más allá de las fronteras de su país, y solicitar comprensión y apoyo.

Cuanto más escuchamos sobre Joel, más llegamos a comprender lo que es la compasión. Es trabajo duro; es gritar alto con los que sufren; es atender a las heridas de los pobres y cuidar sus vidas; es defender a los débiles y acusar con indignación a quienes violan su humanidad; es unirse a los oprimidos en su lucha por la justicia; es solicitar ayuda, de todas las formas posibles, a cualquier persona que tenga oídos para oír y ojos para ver. En pocas palabras, es una voluntad de entregar nuestra vida por nuestros amigos.

No mucho tiempo después de haber sabido de Joel Filártiga, aprendimos el precio que tuvo que pagar por su compasión. El 30 de marzo de 1976, la policía secuestró a su hijo Joelito, de diecisiete años, y a las pocas horas lo torturó hasta matarlo. Quienes no eran capaces de matar al popular y querido padre no dudaron en tomar venganza matando brutalmente a su hijo adolescente. El dolor y la congoja no impulsaron a Joel y a Nidia al aislamiento y al silencio. Por el contrario, alzaron sus voces en actos de protesta valiente, arriesgando sus propias vidas. En vez de amortajar el cuerpo electrocutado, quemado y deforme de su hijo con finos vestidos y hacerlo parecer apacible, lo dejaron desnudo sobre el ensangrentado colchón en que lo encontraron. De este modo, los centenares de personas que acudieron a darles el pésame se encontraron con el vil intento de silenciar una voz compasiva y se acordaron de las palabras de Jesús: "Como no son del mundo... por eso los odia el mundo" (Jn 15, 19).

En agosto, pocos meses después de la muerte de Joelito, uno de nosotros visitó a Joel Filártiga en Paraguay y le pidió que participara en nuestros esfuerzos por expresar para nuestro tiempo lo que significa la llamada de Jesús a la compasión. Nos percatamos de que este hombre sabía y podía ayudarnos a conocer. En medio de su dolor por Joelito, Joel encontró consuelo y alivio en los dibujos que hizo para este libro. Dibujaba durante las largas noches de pena que lo mantenían despierto. Dibujaba después de largas y tensas sesiones con jueces y abogados para pedir justicia, y dibujaba tras horas de lágrimas. Pero dibujaba con esperanza, esperanza para él mismo, su familia, sus pacientes y su pueblo. Dibujaba para que muchos llegaran a saber y se convirtieran. Dibujaba para que su compasión, comprada a tan alto precio, no fuera apagada sino que se convirtiera en un fuego que calentara los corazones de muchos para trabajar y rezar por la justicia y la paz. Porque hay personas como Joel, vale la pena publicar este libro. Por eso hemos dedicado este libro a él y a su esposa, en memoria de su querido hijo Joelito.

Notas

1 Worsthorne, Peregrine, "A Universe of Hospital Patients. Further Remarks on the British Condition", *Harpers* 251, noviembre de 1975, p. 38.

2 Barth, Karl, *Church Dogmatics*, IV/1, Edinburgo, T. and T. Clark, Sons, 1966, p. 190.

3 Ibídem, p. 188

4 Ibídem, p. 191.

5 Ibídem, p. 201.

6 Nietzsche, Friedrich, *El Anticristo*, secs. 5, 51, en *The Portable Nietzsche*, editado y traducido por Walter Kaufmann, Nueva York, The Viking Press, 1954.

7 Citado en Chong Sun Kim y Shelly Killen, "Open the Prison Gates and Set My Soul Free", *Sojourners*, abril de 1979, p. 15.

8 *Catholic Worker*, vol. XLII, núm. 7, septiembre de 1977.

9 Marino, Joe, Diario inédito escrito en Roma, 1978.

10 Merton, Thomas, Prefacio a la edición japonesa de *The Seven Storey Mountain (Nanae No Yama)*, Tokio, Toyo Publishing Company, 1965. Traducida por Kudo Takishi.

11 Chesterton, Gilbert K., *St. Francis of Assisi*, Garden City, Doubleday Image Books, 1957, pp. 96-97. Edición castellana: *San Francisco de Asís*, Buenos Aires, Lohlé-Lumen, 1995.

12 Ibídem, p. 101.

13 Shah, Indries, *The Way of the Sufi*, Nueva York, E. P. Dutton and Co., 1970, p. 207 y ss.

14 *The Complete Letters of Vincent van Gogh*, Greenwich, New York Graphic Society, vol. I, p. 197.

15 Bonhoeffer, Dietrich, *Life Together*, Nueva York, Harpers, 1954, p. 86.

16 Merton, Thomas, *Contemplation in a World of Action*, Garden City, Doubleday Image Books, 1971, pp. 154-155.

Se terminó de imprimir en el mes de enero de 1999
en el Establecimiento Gráfico **LIBRIS S. R. L.**
MENDOZA 1523 • (1824) LANÚS OESTE
BUENOS AIRES • REPÚBLICA ARGENTINA